U0755880

阿克曼文集　别了，孟德斯鸠

纪念版

关于作者

布鲁斯·阿克曼 美国当代宪法学家与政治理论家，1943 年出生于纽约市，先后毕业于哈佛大学（1964 年）和耶鲁法学院（1967 年），曾任教于宾夕法尼亚大学法学院、耶鲁法学院和哥伦比亚大学法学院，自 1987 年始担任耶鲁大学斯特林法学与政治学讲座教授。阿克曼教授在政治理论、美国宪政与比较宪法领域内均有卓越的原创学术贡献。他的代表作品《我们人民》多卷本被认为是"过去半个世纪在整个宪法理论领域内所进行的最重要的工程"，2010 年因《美利坚共和国的衰落》的出版而入选《外交政策》评选的全球百大思想家。

关于译者

聂鑫 清华大学法学院副教授，研究领域包括法律史、比较宪法等。先后在南京大学、北京大学、中国人民大学获得法学学士、硕士与博士学位；曾赴（台湾地区）政治大学、哈佛大学、芝加哥大学、（台湾地区）中研院等处游学。在《中国社会科学》《历史研究》《法学研究》《中国法学》等刊物发表论文约 30 篇；著有《中国近代国会制度的变迁》（专著）、《中西之间》（文集）、《中国法制史讲义》（教材）。

阿克曼
－文集－
田雷 主编
纪念版

别了，孟德斯鸠：
新分权的理论与实践

Good-bye,Montesquieu:The New Separation of Powers

[美] 布鲁斯·阿克曼 Bruce Ackerman– 著　聂鑫 – 译

中国政法大学出版社

2016·北京

图书在版编目（ＣＩＰ）数据

别了，孟德斯鸠：新分权的理论与实践/（美）布鲁斯·阿克曼著；聂鑫译
北京：中国政法大学出版社，2016.9
ISBN 978-7-5620-7023-8

Ⅰ.①别… Ⅱ.①布… ②聂… Ⅲ.①宪法－比较法学 Ⅳ.①D911.01

中国版本图书馆CIP数据核字(2016)第224920号

出 版 者	中国政法大学出版社
地　　址	北京市海淀区西土城路 25 号
邮寄地址	北京 100088 信箱 8034 分箱　邮编 100088
网　　址	http://www.cuplpress.com（网络实名：中国政法大学出版社）
电　　话	010-58908524(编辑部)　58908334(邮购部)
承　　印	北京华联印刷有限公司
开　　本	650mm×960mm　　1/16
印　　张	11.75
字　　数	130 千字
版　　次	2016 年 9 月第 1 版
印　　次	2016 年 9 月第 1 次印刷
定　　价	42.00 元

总译序

—

布鲁斯·阿克曼，现为耶鲁大学斯特林法学与政治学讲座教授。在学界出道之初，阿克曼主攻法经济学和政治理论，这一阶段为期约十年，直至阿克曼在 1980 年出版里程碑式的重要作品《自由国家内的社会正义》。进入 20 世纪 80 年代，阿克曼开始了一个关键的研究转向。一方面，他从未停止关于政治理论和公共政策的著述，从 1999 年至 2004 年先后出版了他写作计划中的"美国公民三部曲"，继续着他在规范性政治理论和民主理论领域内的探索；另一方面，自他在 1983 年于耶鲁法学院以《发现宪法》为题发表斯托尔斯讲座，1985 年在《哈佛法律评论》上发表经典论文《超越卡罗琳产品案》，阿克曼即已开始将主要的学术精力转向美国宪政史的研究。30 年过后，阿克曼的作品早已在美国宪政研究中建立了一个无法绕开的学术传统，树立起一座难以逾越的学术丰碑。而本文集就主要收录了他在美国宪政史研究中的代表作品。

阿克曼的研究转向，让他投身到 20 世纪 80 年代美国宪法理论"共和主义复兴"的浪潮。在这一学术运动中，他和更年长一些的哈佛的弗兰克·迈克尔曼、更年轻一些的芝加哥大学的凯斯·桑斯坦，共同成为共和主义复兴中的三驾理论马车。而在耶鲁法学院内，阿克曼接下了由亚历山大·比克尔所开创的耶鲁宪法学的旗帜，成为耶鲁学派在四分之一个世纪内的标杆人物。在比克尔和罗伯特·卡沃先后在 1974 年和 1986 年英年早逝后，阿克曼在耶鲁学派中的承前作用已无需多言，而他对后学的启发更是功德无量，现在可以说，他在《我们人民》多卷本中所开创的新学术传统，已经塑造了耶鲁学派宪法分析的基本框架。

正因此，阿克曼在 1987 年由哥伦比亚大学重返耶鲁大学任教，在 44 岁时即得以晋升耶鲁的最高教职斯特林讲席教授，且在法学院和政治学系内双聘。就我阅读范围所及，这一记录虽然不是前无古人，新政期间由罗斯福任命至最高法院的道格拉斯，在任教耶鲁法学院时，校方曾因防止他会被奔赴芝大的哈钦斯校长挖角，年仅 34 岁就受聘斯特林教席的职位。但在法学院早已吸纳研究型大学的学术评价体制的今天，阿克曼所创下的记录至少在相当一段时间内应当是后无来者的。

在阿克曼的美国宪政研究中，最具代表性的著作当属《我们人

民》多卷本。关于这一写作计划，桑斯坦曾在《新共和》中称其是
"美国宪法思想在过去半个世纪内的最重要贡献之一"，"二战后论述
美国宪法的最杰出作品之一"；列文森教授也称《我们人民》是"过
去半个世纪在整个宪法理论领域内所进行的最重要的工程"。当然，
阿克曼的理论历来也不乏其"不满者"，但即便是保守派的学者批判
阿克曼，在法律评论内的文章题目还是"我甚至比布鲁斯·阿克曼更
聪明"。

阿克曼的学术生涯目前远未到盖棺论定的时刻，实际上，我们在
未来数年还可期待阿克曼学术产出的第三波。先是《我们人民》的写
作计划已由三卷扩展至四卷，新的第三卷《民权革命》基于他 2007
年在哈佛法学院霍姆斯讲座《活宪法》，书稿很快即可送交出版社；
而第四卷《解释》目前也正在写作过程中。此外，阿克曼还在电邮中
告知他的新计划，一本是在政治理论领域内的《活在时间中》，另一
本则是更美国宪法一点的《代际间斗争》。作为阿克曼作品中译的组
织者，我期待着早日读到阿克曼的新作，也期待着可以尽早将它们作
为阿克曼理论体系的一部分译介给中文读者。

二

为什么要（重）译阿克曼；或者换位思考，读者——至少是那些
希望理解美国宪法的读者——为什么要读阿克曼？在下文中，我不是
以研究者的身份回到美国宪法理论的脉络内去重述阿克曼的理论要

点，也不是要为阿克曼理论体系内那些被误用的概念做正本清源式的解释。换言之，下文并不是阿克曼理论"in a nutshell"，而是我在阅读阿克曼的基础上，重新理解美国宪政的历史后形成的一些基本看法，就此而言它更像英文中所说的"buyer's guide"。

阿克曼的理论追求是要重新讲述美国宪政史。在《我们人民》多卷本写作的开篇，作者上来就开宗明义："美国是一个世界强国，但它是否有能力去理解它自己？时至今日，它是否还满足于作为智识上的殖民地，借用欧洲的概念来破译自己民族身份的意义？"从一开始，这就是阿克曼用来拷问自己并追问美国法律人的问题。在阿克曼看来，美国宪政叙事的问题在于"宪法理论的欧洲化"：美国在两百多年的宪政历程中早已走出了一条自己的道路，但理论家却只会用源自欧洲的理论去表述美国的经验。正因此，阿克曼的宪法理论工作，就是要实现美国宪法理论的"向内转向"，要通过"从洛克到林肯"和"从卢梭到罗斯福"的转向去"重新发现美国宪法"。在美国这个从不乏体制自信的"公法输出国"，阿克曼倡导的是"理论自觉"，他要重新讲述"美国宪政及其本土资源"。

在重新发现美国宪法的理论之旅中，阿克曼的出发点是"二元民主"，在此基础上建构出他的一整套论述。根据阿克曼的讲述，二元民主其实并不复杂：美国宪政内设了两种政治决策的过程，第一种是人民得以出场的宪法政治，"处身于激情被压制的危机之中"，美国人民可以动员起来，启动宪法改革的公共审议，在深思熟虑后给出高级法意义上的决断。第二种是日常的常规政治，它们发生在两次宪政时刻之间，在常规政治中，人民回归他们的私人生活，而授权他们选出来的代理人去进行政治议题的民主审议。

二元民主作为一种宪政模式，是相对于英国模式的一元民主和德国基本法模式的权利本位主义而言的。二元民主之所以成为美国宪政的基本组织原则，并非只是因为二元民主是一种更好的政体设计，主要原因在于它是美国建国者所规定并且在其宪政发展中不断实践和调适的"高级法"。而且二元民主区分了人民的意志和政治家的意志，人民的意志作为高级法，必定表现为人民在历史某一时刻在政治舞台上的"现身说法"。这就决定了阿克曼需要回到历史的深处去发现美国宪法，宪法历史"包含着解码我们政治现实含义的有价值线索"。也正是因此，阿克曼以及共和主义学派的"历史转向"，从一开始就不是要去重现那种"在那儿等待被发现"的"事实真相"，而是要从美国宪政史的政治斗争中去发现美国实在的高级法。

这就是历史的政治学了。事实上，就在阿克曼在 1983 年的斯托尔斯讲座中第一次阐释其二元民主理论时，保守派的原旨主义运动已经是暗流涌动。两年后，里根的司法部长更是自觉地提出作为一种政治纲领的原旨解释论。阿克曼也是一位"原旨主义者"，只是他并非桑斯坦所称的"身披法袍的极端分子"，也没有布伦南所说的"伪装成谦逊的傲慢做派"，但这并不能否认关键问题在于争夺对历史的解释权，问题的关键在于在美国如何去讲述两百年的宪政史。诚如桑斯坦所言："美国宪法是建立在有关权威的理念之上，而不是有关善好或正当的理念上。"

　　阿克曼的二元民主论不是没有背后的政治追求。进步和保守两派的左右互搏主要围绕着罗斯福新政的宪法正当性。在保守派的原旨主义论述中，罗斯福新政放逐了建国者留下的放任自由的宪法秩序（理查德·爱普斯坦曾著书《进步主义者是如何"篡改"宪法的》），因此要对原初宪法忠诚，就要倒拨宪法的时钟，清算罗斯福新政、沃伦法院和民权革命的遗产；但阿克曼所要证成的则是，罗斯福新政是一次成功的宪法政治，人民的出场留下了作为高级法的"不成文宪法"，反而里根革命是一次失败的宪法时刻。这位出生于裁缝家庭，没有新政后普及的公立教育怎能上哈佛和耶鲁的宪法学家，实际上是在新右翼保守主义那里争夺对美国史的阐释权，在保守派回潮时守护新政不成文宪制的正当性。曾有学者在《哈佛法律评论》批判阿克曼的转向，认为"阿克曼的原旨主义显示出美国自由主义的悲哀现状"，因为自由派已经无法在实体上去说服美国人民去接受新政自由主义，而只能祭出一种甚至"不成文"的"祖宗成法"。但这种批评显然未能理解理论家的良苦用心，因此也未能理解为什么要通过反思"过去两个世纪历史发展的进程"去发现美国宪法。

　　这样说意味着我们应当回归有关宪法与历史的关系论述。宪政就其本意而言不可能是一种"活在当下"的政治：尤利西斯的"自缚"不可能是用左手绑缚右手或右手绑缚左手，而是政治共同体内前代人对当代人与后代人的承诺和约束。至于这种代际承诺是否正当，会不会造成"死人之手"的统治，这是另当别论的问题。正是在阿克曼夫子自道的一篇文章中，他清楚地指出，美国宪法并非根源于政治哲学的 seminar，没有可以作为逻辑起点的自然状态或者"原初情境"，而是形塑于每一代人的政治斗争。

合众国本身是一个经由革命、制宪所建构的共同体，宪法是这个共同体的最高纲领，在这种宪制体内，革命先贤、建国之父与制宪诸君是三位一体的。同样，根据阿克曼的宪法类型学，美国宪法代表着革命胜利后的"新开始"，区别于德国基本法作为政治崩溃后的"新开始"与欧盟的"从条约到宪法"的模式。而在"新开始"类型的宪法中，原旨解释有着天生的正当性。正因此，即便原旨解释方法在学理上早已是千疮百孔，背后隐藏的政治动机也已是路人皆知，但原旨解释在美国就是一种政治正确的"主义"："如今，我们都是原旨主义者了"。

但原旨主义也是一个口号，各自表述。对于美国的原初建国者，阿克曼既没有像保守主义者那样去"唱红"，也没有像上一代进步学者比尔德或第一位黑人大法官瑟古德·马歇尔那般去"打黑"。阿克曼没有将原旨解释奉为新教条：1787 年的制宪者是伟人，"但不是超人"。在阿克曼看来，原教旨的原旨主义认为宪法的全部含义都起源于并且固定在建国那一刻，这实际上否定了宪法的时间性和历史性。美国宪政的时间性并不是指它在开始时也就结束了，而是指美国宪法是一种"代际间的对话"，这或许是巴尔金教授在新著中所说的"活原旨主义"。活原旨主义意味着：一方面，在任何一个经由革命而制宪并建国的国家内，历史中隐藏着宪法的规范，忘记历史就意味着对宪法的背叛，割裂历史就意味着对宪政连续性的人为隔断；另一方面，历史虽然不可能还原为"事实真相"，但法学家在转向历史时也不能去做"森林里的狐狸"，宪政不是谈出来的，宪政史也不可能只是坐而论道，只有对历史忠诚，才能培育时下常说的"宪法爱国主义"。

从阿克曼出发，我们在面对美国宪政史时可以得出下述五个命题。

第一，美国宪政史可以写成一部美国史。

美国是一个通过制宪建国的国家。宪法在先，而美国在后，United States 是通过宪法才 united 起来的。这意味着美国是一个宪法共同体，就此而言，美国宪法史也就可以写成一部美国史，理解美国宪法也就是在理解美国本身。对比中国，这一命题可以得到更好的理解：无论是作为传统意义上的文明秩序，还是现代意义上的民族国家，中国的政治根基都不是也不应是成文宪法。中国宪法史不可能讲成"上下五千年"，不可能覆盖中国这个政治文化共同体的全部时空。但美国的可能性就系于它的宪法。阿克曼曾经说过："我们的宪法叙事将我们构成一个民族"。在《我们人民·奠基》中，阿克曼曾设想过如下的场景：如果合众国如二战后的德国那样分疆裂土，每一个地区都有自己的宪法，那么或许不需太长时间，新英格兰的人民会认为他们更像北方的加拿大人，而不是生活在西南地区的前同胞们。

因为宪法是美国的立国之本，我们就可以知道美国宪法不只是法院视角内的司法化宪法，不只是法院用以化解政治冲突的司法学说和技艺，美国宪法并不能只讲述最高法院自己的故事，并不限于最高法院设定的剧场。在《我们人民·奠基》中，阿克曼将基本分析单元由法院转向他所说的宪法政体，这是他迈出的一小步，但对我们来说却是重新理解美国宪政的一大步。

第二，美国只有一部宪政史。

美国只有一部宪法：1787 年的费城宪法，两百年来经历 27 次文本修正，至今仍是美国的高级法和根本法，美国宪法的超稳定说也由此而来。当然，美国宪法一路走来不是没有生与死的考验，最紧迫的是让宪政传统断而未裂的南北战争，此外还有大大小小的危机。但美国只有一个政治纪元，只有一种政治时间，无论其政治身份在危机时刻经历何种结构性的再造，还都是发生在 1787 年宪法设定的框架内。阿克曼有一句话说得好："法国自 1789 年经历了五个共和，而我们只生活在一个共和国内。"我们现在说奥巴马是美国第 44 任总统，这是从华盛顿而不是林肯或罗斯福起算的。

美国宪政的连续性给学者提出了一个挑战，即如何形成我们关于美国宪政的总体史观，如何把握美国宪政实践的总体韵律，在此意义上，我们可以说美国只有一部宪法史，这一命题不仅是理论设计的要求，更是美国宪政自身实践所提出的命令。任何关于美国宪政的法学理论，即便是那些仅处理宪政史某一片段或局部的研究，都必须具有总体性的视角，至少应隐含有在理论上自洽的总体史观，否则由此形成的研究结果很可能是"盲人摸象"。从宪法学的视角去切入美国宪政研究，既要看到树木，更要看到森林，"不谋全局者，不足以谋一域"。

第三，美国 1937 年后的现代宪法根源于建国、重建和新政这三次大转型。

美国宪政的连续性并不意味着它是按部就班的、循例守法的、或自生自发的，美国宪政实践的复杂就在于它的连续性孕育于不断自我革新的能力中，"唯一不变的就是变化本身"。问题的关键是要到哪里去发现这种变化。根据阿克曼的宪法理论，这种延续性再造主要不是法院的创造性宪法解释，也不是 27 条宪法修正案，美国人今天生活在罗斯福新政所形成的宪法秩序内，而这个自 1937 年后统治美国的现代宪法根源于建国、重建和新政三次宪政转型。阿克曼在《我们人民·转型》内就专书处理了这三次宪政转型。翻译总是会造成或多或少的意义耗损，回到英文原文 Founding，Reconstruction 和 New Deal，我们应能更好地把握其中的结构性再造和国家体制转型的含义。而宪法时刻在二元民主结构内的提出，也意味着美国宪政发展并不是均质的。阿克曼曾指出："现代美国人并不认为我们历史中的每一年都对今天的宪法有同样的贡献。"而且，美国宪政史的时间并不是自然意义上的时间，不是距离我们越近的时间就越有宪法相关性，是否相关取决于人民有没有出场"现身说法"。反求诸己有助于我们设身处地去把握这一命题，每个中国人想必都能理解 1949 或 1978 在中国宪政史中的意义，美国人同样如此。

这一命题如果成立，也向国内的美国宪法研究者提出了"历史转向"的要求。长久以来，我们抱着接轨的心态而追求走在宪政理论的"前沿"，拱手将我们自己的研究议程交给"哈佛法律评论"；而网络和数据通讯技术的跃进也让今天的研究者可以足不出户，就能捕捉到位于美国宪政发展轨迹的"末梢"。但是，如果阿克曼的研究对我们的方法论有何启示的话，那就是要去重新发现美国宪政的"deep past"，这些"遥远过去"包含着美国宪政的真正教义。宪政作为治国安邦的道理，并不是隐含在最高法院的宪法解释中，而且总体上看，越近世的大法官其实越"近视"，越陷入了一种"去政治化"的政治化困境。我们有必要从"九人"转向 1780 年代建国联邦党人，1860 年代的重建共和党人，1930 年代的新政民主党人。事实上，我们学美国宪法这么多年，猛回头却发现法学院内的研究者其实并不熟悉"林肯"，大都是些心灵鸡汤的叙述或人云亦云的流俗意见而已。

第四，美国宪政转型的模式表现为人民主权的革命。

美国是个守法的民族，美国宪法是美国的"公民宗教"和"根基圣典"，但美国宪政发展最隐蔽的原动力却不在"自由法治"，而是介于"纯粹守法"和"无法暴力"之间的"人性尺度上的革命"。在《我们人民·转型》中，阿克曼曾提出一个吊诡的判断："违反法律并不必然意味着非法"，这实际上表达出二元民主论的基础命题，即美国宪法的根基是人民主权。宪法政治可以区分为两个轨道，第一个轨道是法治主义的模式，就是根据由美国宪法第五条所内设的修宪程序去提出并且批准宪法修正案，第二个轨道则是人民主权的模式，用阿玛的话说就是"重返费城"去制宪：宪法政治本身就表示它要结束一个旧时代，开启一个新秩序，至少在逻辑上不必严守旧体制遗留下的规则去规训新政治主体在动员后的意志表达。事实上，法治模式无法解释美国三次宪制转型：费城宪法的制定过程违反了 1781 年的《邦联条款》；内战修正案之所以能得到四分之三多数州的批准，是因为重建国会剥夺了南方脱离州的代表权，是在枪杆子下的"同意"；罗斯福新政则根本没有去启动修宪程序，美国现代宪法的根基在很大程度上是"不成文"的。但在二元民主的框架内，违法不意味着非法，更不是对正当性的否定。实际上，人民在动员起来后经过深思熟虑所给出的理性判断，这本身才是美国宪法的根基。阿克曼在近期的霍姆斯讲座中指出，美国 1787 年宪法所设定的是一种联邦主义的修宪程序，要求以"我们州"为单位的批准，罗斯福曾在炉边谈话时指出："即便 35 个州内的全美 95% 的人口都支持修宪，但 13 个州内的 5% 的选民即可以阻止修正案的批准"，就此而论，既然美国至少在内战后已经成为一个"不可分裂的民族/国家"，这一新政治身份就与原初的修宪程序形成一种根本性的断裂，正因为此，美国在内战后尤其是 20 世纪内的主要宪政表达都是绕开宪法第五条的。

宪法研究者经常将宪政想象为政治的理性化或多元（利益）化，但至少美国宪政的经验可以表明，宪政的存续不仅需要文功，有时候更需要武卫。如果回到汉密尔顿在美国宪政经典《联邦党人文集》开篇提出的问题，美国宪法作为一种实践，两百年来的成功不仅取决于"慎思"和"选择"，还取决于"强力"与"偶然"。或者更准确地说，汉密尔顿的问题一开始就是错的：这两组在理论上看起来势同水火的范畴，在实践中经常却是水乳交融。如果理论家继续坚持法治主义的解释模式，所要付出的代价就是丢失建国、重建和新政的正当性，这无异于否定了美国的治国之本，是对历史的篡改。"再有一次这样的成功，我们必将一败涂地。"

第五，现代宪法解释的本质是代际综合。

二元民主的宪制要求内置一种守护机制，因为人民仅仅是在"激情被压制的危机"时刻才会出场，而在政治热情消退，人民退回私人生活后，宪法设计必须保证日常政治的决策者不会违反甚至改变由革命一代人规定的高级法，否则，借用马歇尔在马伯里诉麦迪逊中的判词，"成文宪法就是人民的荒谬企图，用以限制就其本质而言不可限制的一种权力"。司法审查就是这样的守护机制：二元民主宪制内的宪法解释是要向后看的，要代表已经回归私人生活的人民去监督常规政治内的代表，司法审查在这时虽然反对"此时此地的多数"，但在历时性的维度内却成为民主自治不可或缺的环节。更重要的是，由于美国的宪政转型并不是全盘否定或从头再来式的彻底革命，不是在一张白纸上画最美的图画，1937年后的现代宪法就其本质而言是一种代际间的对话，因此宪法解释的本质是要综合不同宪政秩序的多元传统。也因此，如何在宪法解释中"通三统"，如何在司法审查中完成"代际综合"，统合起建国、重建和新政的三种传统，是美国最高法院在现代宪政秩序内所要面对的解释难题。

迄今为止，阿克曼只是在《我们人民》第一卷"解释的可能性"一章内初步阐释了代际综合的解释方法，但即便简短的啼声初试就已经一鸣惊人，有学者曾将这有限篇幅内的概要称为阿克曼"最重要的贡献"。例如阿克曼曾在此处为1905年的洛克纳诉纽约州"翻案"，这个判断之所以在现代宪法学内声名狼藉，不是因为它在判决之初就是个错误，而是因为它被罗斯福新政所"修改"了，而且这次"修宪"的主旨就是"永远不再洛克纳"，就是要从放任自由的宪政秩序转变为现代积极国家。而在目前正在写作中的第四卷《解释》内，代际综合的问题将得到全景式的阐释，我相信这会成为对美国司法审查历史的一次重述。

三

现代社会的学术从来不可能是一个人的事业，而必定是一种集体的工程。本套文集之所以可能，现在想来也是各种因素在偶然间的一次交汇，但最不可或缺的还是中国政法大学出版社在本文集酝酿全过程中一以贯之的大力支持，尤其要感谢刘海光、彭江、顾金龙、张翀、张阳诸位编辑老师热情、负责、专业的工作。感谢布鲁斯·阿克曼教授，对于阿克曼教授的学术研究，我作为一位宪法理论的后学历来抱有最高程度的敬意，也很幸运，在2009至2010学年度，我有机会跟随他研习美国宪法和政治理论，对于我的这个翻译计划，阿克曼教授给予了一个学者所能给出的全部支持，大到原著的版权联系，小到原著封面用图的版权联络，都承蒙他在其中的牵线搭桥。还要感谢加盟本套文集的四位译者汪庆华、江照信、黄陀和阎天。他们不计学术翻译所能量化出的回报，而在繁忙的教学、科研和求学过程中承担起繁重的翻译工作，能邀请到他们实在是我作为组织者的最大幸运。

最后还要感谢重庆大学人文社会科学高等研究院、北京大学法治研究中心以及这里的诸位师长和学友，在这个友爱的学术共同体中，我收获了首先安居、然后乐业的幸福。

正如审慎以及经过深思熟虑后的决断从来都是美国宪政决策者的美德，简约以及在有理有据基础上的旗帜鲜明也是学者的美德。有了阿克曼教授写在前面的中译本序言，我原本是不需要写这么多的，只是希望我在前面抒发的"之我见"可以帮助读者更好地进入本套文集的阅读。在全球秩序进入"中美国"的时刻，希望本套文集的出版有助于我们去理解美国宪政以及美国本身，也让我们有理由去认真对待自己的宪政过去、现在与未来。

田　雷
2013 年 4 月
于重庆大学文字斋

目　录

I | **总译序**

1 | **引言**

12 | **I . 民主正当性**

　　A. 反对总统制 /13

　　　　1. 分权主义者的回应 /15

　　　　2. 超越威斯敏斯特传统 /26

　　　　3. 个人崇拜 /32

　　B. 有限议会制 /42

　　　　1. 找回人民 /44

　　　　2. 用法院来制衡 /48

　　　　3. 从理论到实践 /50

　　C. "一个半"议院的方案 /51

　　　　1. 选举产生的联邦参议院 /54

　　　　2. 由地方使节组成的议院 /64

　　　　3. 非联邦制下的国会两院制 /68

75 | **II．职能专业化**

   A. 智识上的挑战 /79

      1. 美国 /79

      2. 欧洲 /81

   B. 两个中庸的方案 /83

      1. 廉政的分支 /83

      2. 规制的分支 /87

   C. 冲突的分权主义 /89

   D. 从理论到实践 /96

      1. 政治化专业主义的代价 /96

      2. 从宏观到微观 /106

   E. 分权主义与法治 /110

115 | **III．基本权利**

   A. 民主的分支 /116

   B. 保障基本权利 /123

      1. 放任自由主义 /124

      2. 积极自由主义：分配正义的分支 /126

131 | **IV．新分权的架构**

136 | **别了，孟德斯鸠（代结语）**

148 | **译后记**

引 言

　　联邦党人的宪法被证明是一个巨大的成功，例如它将各州整合为统一国家，以及议会民主制的设计，都值得全世界好好效仿。我保证，我们的宪制是最繁荣的，立法技术也最为先进，同时也是人类历史上最符合社会正义的，更不用说我们轻而易举就成为世界军事强权的事实……其他国家都被我们震住了，在公法移植领域，美国将成为人类历史上最大的单一出口国，这应该不会有意外。由于上述种种好处，不论你在何地都会发现，成文宪法、联邦主义、权力分立、权利法案、司法审查已成为普世规范。它们比其他任何人类已试验过的制度都要好。[1]

　　可能史蒂文·卡拉布雷西式的必胜主义观点在今天特别典型，但这与美国早期的态度是截然相反的。半个世纪前，美国的国际地位比今天更

---

　　[1] Steven G. Calabresi, *An Agenda for Constitutional Reform*, in CONSTITUTIONAL STU-PIDITIES, CONSTITUTIONAL TRAGEDIES 22, 22 (William N. Eskridge, Jr. & Sanford Levinson eds. , 1998) [hereinafter CONSTITUTIONAL STUPIDITIES].

高。作为唯一在第二次世界大战中避免了（本土战争）巨大破坏的强权，美国人在道德上的矫揉造作也臻于顶峰。尽管如此，当时美国所给出的宪法处方也大都是有所区别的。的确，美国支持成文宪法、权利法案与司法审查，有时也支持联邦主义。[2]但是关于分权问题，就要打一个问号了。

在战后的日本，美国的影响也达到极致——麦克阿瑟将军的法务官员在短得让人难以想象的时间里拟定了宪法草案，交给日本人通过。[3]可能由于太过匆忙，宪法起草人并没有把日本战前既有的政体改为美国式的分权模式。典型的例子是，他们没有要求日本因为战败就采用美国式的总统制。[4]取而代之的是一种新的政体形式，我称其为"有限的议会制"。与英国类似，日本首相及其内阁必须获得国会的信任才能安于其位。但与威斯敏斯特模式不同，日本并非纯粹的议会主权国家。日本国会的立法权受到成文宪法、权利法案与最高法院的约束。

美国人也没有把麦迪逊式的强两院制国会模式强加给日本，在美国模式之下，参、众两院的权力势均力敌，前者完全可以制衡后者。而日本国会众议院则在组织内阁时居于主导地位；尽管日本参议院也保有重要的权力，但其宪法地位仍无法与众议院相提并论。我称之为

---

〔2〕 在三个轴心国中，日本和意大利成为单一制国家，只有德国被盟军要求采用联邦制。See, e. g. , PETER H. MERKL, THE ORIGIN OF THE WEST GERMAN REPUBLIC 8 – 11, 19, 121 (1963) （该书详细记述了美国和盟军坚持让德国采用联邦制）。

〔3〕 See JOHN W. DOWER, EMBRACING DEFEAT 364 –73 (1999).

〔4〕 事实上，美国宪法起草团队的负责人查尔斯·凯迪斯（Charles Kades）上校认为："在起草委员会拼凑日本新宪法案的时候，并没有特别关注美国宪法。"Id. at 370. 我也找不到任何材料证明当时讨论过采用美国总统制，甚至是非正式的讨论。很可能是因为创设总统一职与保留天皇作为国家象征领袖的决定不相符合。关于将不同的宪法传统混编成日本宪法的记述，参见 Christopher A. Ford, The Indigenization of Constitutionalism in the Japanese Expe-rience, 28 CASE W. RES. J. INT'LL. 3 (1996).

"一个半议院的方案"。[5]

德国的情况类似，尽管美国及其盟国在德国制宪中施加的压力不及其在日本那么强硬，宪法草案主要由德国的法学家和政治家来完成。[6]刚刚经历过阿道夫·希特勒的独裁，没有人有兴趣创设一个民选的总统职位。再一次，一个有限的议会制诞生了，附带的是一个半国会的解决方案。[7]

战后意大利对于制宪有更大的自主权，[8]我们发现他们创设了一

---

[5]　当两院意见相左时，众议院有权单方面选择首相（参见日本宪法第67条）。通过不信任投票撤换政府也是众议院独享的权力（参见日本宪法第69条）。众议院还可以在参议院反对的情况下通过预算案（参见日本宪法第60条）。同理，众议院在条约批准上也拥有优位权（参见日本宪法第61条，该条将宪法第60条的规定适用于条约批准领域）。

当然，日本参议院也并非只是摆设，它可以阻挠众议院法案的通过，除非后者能取得三分之二的多数（宪法59条）。在从1955－1989年的漫长时间里，在自民党于两院占据绝对多数的背景下，参议院的确不那么重要。See J. A. A. STOCKWIN, GOVERNING JAPAN: DIVIDED POLITICS IN A MAJOR ECONOMY I 141x5 (3d ed. 1999). 但是在1989年，在日本社会党的领导下，反对党控制了参议院并行使权力对抗自民党政府。反对党阻挠重要立法的通过，这其中的极端例子是反对日本军事力量介入海湾战争。See id. at 75－78. 日本真正回归多党政治后，参议院成为反对党的重要武器。反对党对参议院阻挠立法权的运用，对于其获得执政权起了关键的作用，如是方能于1993年组成自1955年以来第一任非自民党政府。See id.

[6]　关于二战后在德国内部与外部势力复杂的混合情况，参见 MERKL, *supra* note 2.

[7]　1919年魏玛宪法创设了一个由直选产生的、独立于国会的强权总统。这被认为是造成总统兴登堡任命希特勒担任总理的制度根源。DAVID P. CONRADT, THE GERMAN POLITY 182－183 (6th ed. 1996). 由战后制宪者起草的德国基本法创设的联邦议会"不再需要与其无法直接控制的行政权竞争"。*Id.* at 183. 基本法将控制政府与官僚机构的权力完全交给国会，这在德国宪法史上是史无前例的。*Id.*

[8]　尽管意大利人在规划他们的战后宪法时享有更大的自主权，但美国和英国仍然在幕后审查，以排除宪法草案中共产党的影响。See JOHN LEWIS GADDIS, WE NOW KNOW: RETHINKING COLD WAR HISTORY 44 (1997); JAMES EDWARD MILLER, THE UNITED STATES AND ITALY, 1940－50: THE POLITICS AND DIPLOMACY OF STABILIZATION 243－49 (1986); Gianfranco Pasquino, *The Demise of the First Fascist Regime and Italy's Pansition to Democracy: 1943－48, in* TRANSITIONS FROM AUTHORITARIAN RULE: SOUTHERN EUROPE 60－61 (Guillermo O'Donnell, Philippe C. Schmiter & Lawrence Whitehead, eds. 1986).

种非常有意思的一个半国会体制的变体。尽管如此，意大利变体依然非常符合有限议会制的基本架构。与德国人类似，意大利人也完全不会考虑总统制，以避免给未来的墨索里尼提供一个民主的竞争优势。

但前述年轻的卡拉布雷西教授的言辞提醒我们，彼一时，此一时也。特别是 1989 年以来，美国法学家开始向世界各地的制宪会议鼓吹[9]美国道路。可是，美国人到了当地却发现他们的智识优越性并非不证自明。相反，美国法学家经常遭遇法国或德国宪法学家的有力竞争，而后者同样是他们本国宪法传统的拉拉队长。[10]

与宪法学家相较，政治学家扮演了更有启发性的角色。当制宪会

---

[9] See, e. g., BERNARD H. SIEGAN, DRAFTING A CONSTITUTION FOR A NATION OR REPUBLIC EMERGING INTO FREEDOM (2d ed. 1994). 锡根在书中谈到他在 1990 年与保加利亚首相及其他官员的会见，由此表明是他本人说服了保加利亚新宪法的缔造者采用美国模式。参见 id. at 2. 锡根关于美国体制的论述，参见 id. at 7 - 9，其论述之缺乏批判性，甚至让中学公民课本的作者都自愧不如。

[10] 在过去的 20 年中，这样的辩论在不同程度上一直在全世界范围内延续。关于东欧新体制对于传统西方理念与社会主义独具特色的混合，其综述参见 Rett R. Ludwikowski, "Mixed" Constitutions—Product of an East-Central European Constitutional Melting Pot, 16 B. U. INT'L L. J. 1 (1998). 西班牙从弗朗哥政权过渡到德国宪法模式，这一成功的宪法移植对其他转型国家选择德国模式有重大影响。关于西班牙的范例对东欧国家倾向选择德国模式的影响，参见 Luis Lopez Guerra, The Application of the Spanish Model in the Constitutional Transitions in Central and Eastern Europe, 19 CARDOZO L. REV. 1937 (1998).

但是，就本书的核心问题（独立选举产生的总统与国会在立法事务上的分权）而言，事实上法国与美国在全世界影响更大。由于很多国家在不同程度上采行了总统制政体，德国国会的体制往往不受制宪者青睐。See infra note 220 and ac-companying text.

典型如巴西在 1980 年代晚期针对这一问题展开了反省与辩论，当时他们批判美式总统制与该国走向军事独裁有一定的因果关系，由此相当成功地影响了制宪会议，令其慎重考虑从根本上改变既有的总统制政体。可是，最终执政的萨尔内（José Sarney）总统阻挠了这一根本的变革，而之后的全民公决也明确地否定了改革方案。See JAVIER MARTÍNEZ-LARA, BUILDING DEMOCRACY IN BRAZIL: THE POLITICS OF CONSTITUTIONAL CHANGE, 1985 - 95, at 125 - 46 (1996). I discuss these events in Bruce Ackerman, O Novo Constitucionalismo Mundial, in 1988 - 1998 UMA DBCADA DE CONSTITUIÇÃO Ⅱ, 21 - 23, 28 - 29 (Magarida Maria Lacombe Camargo ed., 1999). 在 1990 年代早期的东欧，波兰是一个特别有趣的例子，

议倾听他们的意见时，现代的制宪者听到的不仅仅是与美国、法国和德国的宪政模式打包在一起的必胜主义的故事。他们收获了一种有益的工具，也就是对于重大宪法选择的批判性反思。

这其中最引人注目的，[11]是议会制或总统制的政体选择。当美

在那里两种分权模式的支持者出现了交锋。1991 年，参议院以绝对多数提出了仿自法式总统制的新宪法草案，而当时仍由共产党控制的下院却支持德国式的议会制政体模式。上下两院的对立造成制度的混搭与理念的冲突，其结果是 1992 年先行通过一个"小宪法"（临时宪法），到 1997 年才通过一个与之前参议院支持的法国模式类似的正式宪法。See generally Feature, *The 1997 Polish Constitution*, 6 E. EUR. CONST. REV. 64（1997）（该书提供了大量有关波兰 1997 年宪法的背景资料）。在俄罗斯的新宪法体制中，美国模式为其总统扩权提供了正当化的依据，俄罗斯总统由此实际上在很多方面获得了远超美国总统的权力。See RETT R. LUDWIKOWSKI, CONSTITUTION-MAKING IN THE REGION OF FORMER SOVIET DOMINANCE 62 – 63，67（1996）. 关于俄罗斯 1993 年宪法分权问题的研究，参见 Isaak I. Dore, *The Distribution of Governmental Power Under the Constitution of Russia*, 2 PARKER SCH. J. E. EUR. L. 673（1995），and Amy J. Weisman, *Separation of Powers in Post-Communist Government: A Constitutional Case Study of the Russian Federation*, 10 AM. U. J. INT'L L. & POL'Y 1365（1995）. 以下著作对其他后苏联时代的宪法做了有益的观察，参见 LUDWIKOWSKI, *supra*, at 47 – 110.

〔11〕政治学家的一大贡献，是对不同选举体制选择所涉及的各种利害的分析。可参考以下示例：GARY W. COX, MAKING VOTES COUNT: STRATEGIC COORDINATION IN THE WORLD'S ELECTORAL SYSTEMS（1997）；ROBERT A. DAHL, ON DEMOCRACY 130 – 41（1998）；ELECTORAL SYSTEMS IN COMPARATIVE PERSPECTIVE: THEIR IMPACT ON WOMEN AND MINORITIES（Wilma Rule & Joseph F. Zimmerman eds., 1994）；AREND LIJPHART, ELECTORAL SYSTEMS AND PARTY SYSTEMS: A STUDY OF TWENTY-SEVEN DEMOCRACIES 1945 – 1990（1994）；DOUGLAS W. RAE, THE POLITICAL CONSEQUENCES OF ELECTORAL LAWS（rev, ed. 1971）；KENNETH A. SHEPSLE, MODELS OF MULTIPARTY ELECTORAL COMPETITION（1991）；REIN TAAGEPERA & MATTHEW SOBERG SHUGART, SEATS AND VOTES: THE EFFECTS AND DETERMINANTS OF ELECTORAL SYSTEMS（1989）.

考虑到选举体制方面即使极小的变化都可能影响到未来民主生活的方向，美国宪法学家对于相关研究的忽视是相当不幸的。从这个高度来看，拉妮·吉尼尔事件（the "Lani Guinier Affair"）已成为影响我们所有人的智识灾难，也是政治灾难，该事件导致选举制度改革领域已成为有心从政之学者的禁区。针对吉尼尔主要观点的批判，参见 *infra note* 53.

国法学家自满于虔诚地引用孟德斯鸠与麦迪逊时，[12] 现代政治学家则在规划方案，考虑替代目前世界流行的政体模式。他们的研究，是我们反思未来分权问题的宝贵参考资料。

当然，我们也不能止步于政治学家的研究成果。首先，政治学家主要集中于一个问题：制宪者是否应当仿照英国，将立法权纯粹集中于国会；还是学习美国和法国的模式，将立法权交由民选的不同政府分支来分享。这的确是个重大的问题，但并非唯一的问题。分权所涉

---

〔12〕 关于最高法院根据原教旨主义的标准重构了其有关分权的法理学，参见 see INS v. Chadha, 462 U. S. 919（1983），美国法学刊物充斥着相关注释，其中大部分是历史解释，宣扬制宪的本意及其历时弥久的重大意义。*See, e. g.*, Martin S. Flaherty, *The Most Dangerous Branch*, 105 YALE L. J. 1725（1996）（attempting to describe the Founders' original understanding）; Lawrence Lessig & Cass R. Sunstein, *The President and the Administmtion*, 94 COLUM. L. REV. 1（1994）（该文质疑关于宪法原文理解的永恒价值）。

相反，很少有人对宪法的基本理念进行批判。Bill Eskridge's and Sandy Levinson's collection on "constitutional stupidities", CONSTITUTIONAL STUPIDITIES, *supra note 1*, 在很大程度上只是主流作者所做的些许批判的汇编，而马克·图什内特在以下论文中为该问题贡献了一两页内容，参见 Mark Tushnet, *The Whole Thing*, in CONSTITUTIONAL STUPIDITIES, *supra note 1*, at 103, 104 – 5, 政治学家西奥多·洛伊则对此作出了重要贡献，参见 Theodore J. Lowi, *Constitutional Merry-Go-Round: The First Time Pagedy, The Second Time Farce*, in CONSTITUTIONAL STUPIDITIES, *supra note 1*, at 187, 189 – 202. 法学家罕见的深入探究，参见 see Jonathan Zasloff, *The Tyranny of Madison*, 44 UCLA L. REV. 795（1997）. 两位来自拉丁美洲、同时与美国法学界保持密切联系的顶尖学者，积极参加了他们祖国未来分权问题的热烈讨论，他们的批判性作品比除他们之外整个美国学术界近期的成果还要多。*See, e. g.*, ROBERTO MANGABEIRA UNGER, POLITICS: THE CENTRAL TEXTS 306 – 339（Zhiyuan Cui ed., 1997）; Carlos Santiago Nino, *Pansition to Democracy, Corporatism, and Presidentialism with Special Reference to Lutin America*, in CONSTITUTIONALISM AND DEMOCRACY: TRANSITIONS IN THE CONTEMPORARY WORLD 46, 54 – 60（Douglas Greenberg, Stanley N. Katz, Melanie Beth Oliviero & Steven Wheatley eds., 1993）. 如下文所见，我本人在核心思想上更接近尼诺而非昂格尔。

如果读者想阅读法律学术界之外的作品，可参考丹尼尔·拉扎尔针对分权的全面攻击，DANIEL LAZARE, THE FROZEN REPUBLIC: HOW THE CONSTITUTION IS PARALYZING DEMOCRACY（1996），该书可说是一个有益的挑衅。

及的不仅包括总统与国会，还有法院与独立行政机构的宪法地位。正如我们所见，首要分权问题的解决并不意味着其他问题能够随之迎刃而解，反之亦然。

同时，我建议将争论的规范术语予以提炼。例如"自由民主宪政主义"并非一个一元的概念，而是集合了不同的价值，这些充满张力的价值共生于这个"占位符"（placeholder）。为了说明其复杂性，我得在各种方法论的极端主义之间保持平衡。一方面，我借助于一套政治价值以评估各种分权的政体选项。如果不确定标准，分权的讨论就蜕化成轻率的宪法工程学了。如果不与实质目的相挂钩，所谓制度的"效率"的观念都只是空谈。[13]另一方面，本书并非关于政治合法性基础的哲学研究。我个人的学术关怀在于阐释以下复杂的路径，其中，制度安排乃是作为终极价值的具体表达，而非将价值本身哲学化。我只是对在审慎的制度评估中绝对必需的概念进行澄清，因此也不得不引入不少哲学问题。这无疑会给一些读者造成困扰，但我也只

---

〔13〕"帕累托最优"作为经典的效率标准，无法适用于本书的政治框架，因为任何一种框架都会让其中一部分人相较于他们的对手境况变得更糟。由此，根据帕累托理论，便没有一种框架是可取的。当评价各种框架的优劣时，就有必要引入正当性这一更为基础的标准。曾经有一阵子，理查德·波斯纳尝试基于财富最大化的理念来创造一种新的效率概念，以规避这一基本问题。See RICHARD A. POSNER, THE ECONOMICS OF JUSTICE 48 – 115 (1981) 如此非同寻常地引入拜物主义，这在法律界完全无法成功，因为还有大量不可抗拒的道德理由。对波斯纳的大力抨击，参见 Jules Coleman, *The Normative Basis of Economic Analysis: A Critical Review of Richard Posner's* The Economics of Justice, 34 STAN. L. REV. 1105 (1982); Ronald M. Dworkin, Is *Wealth A Value?*, 9 J. LEGAL STUD. 191 (1980); and Anthony Kronman, *Wealth Maximization as a Normative Principle*, 9 J. LEGAL STUD. 227 (1980). 作为对这些批评的回应，波斯纳法官不但没有尝试反思其赤裸裸的物质主义道德宣示，反倒企图说服其他法界同仁在法律思想上放弃自觉的规范反思! *Compare* RICHARD A. POSNER, THE PROBLEMATICS OF MORAL AND LEGAL THEORY (1999), with ALAN M. DERSHOWITZ, CHUTZPAH (1991).

能说抱歉，一篇文章能做的实在有限。

具体地，我再次回归到三个正当性价值以回答如下问题——"为什么要分权？"第一个价值是民主。不论采用哪种模式，分权都服务于（或有碍于）人民自治的大业。第二个价值是专业能力。如果法院和官僚机构不能以相对中立的方式适用法律，民主的法律也纯粹只是摆设。第三个价值是保护和增进公民的基本权利。如果没有这些，民主的规则与专业的管理就很容易成为专制的机器。

我将依次把这些价值分为三个部分论述。第一部分我将讨论民主立法在不同政府分支的分权，并引入两个将本文贯彻始终、反复出现议题。第一个议题是对将美国式的众议院、参议院与总统分权的体制移植到外国提出反对和警告。尽管这个体系在美国运行得还好，但这并不意味着它在外国不会造成灾难。我们一定要反对卡拉布雷西教授那种试图将它变成新千年光辉的指路明星的主张。

我的第二个议题更具建设性，从而使本文有别于针对美国模式立法体制的传统批评。总的来说，英语世界对美式分权的批判将英国模式作为民主政府的另一参照系。现代英国宪制以将立法权集中于下院而著称，这使得首相及其内阁能有效控制立法的议程。这种所谓"威斯敏斯特模式"在当代世界的有效运作，为攻击美国式的自大提供了有力的武器。既然英国模式成功避免了麦迪逊和孟德斯鸠所预言的"不可避免"的滑向专制，我们是否应该放弃在分权理论上的固执己见？

我的观点有所不同。如同我拒绝华盛顿模式，我也不赞成威斯敏斯特模式；我不认为其能构成我理想的有限议会制模式，从而能够为未来分权的发展提供最有前景的框架。虽然威斯敏斯特模式不仅给二战后重建的轴心国确立了标准，而且也深刻影响到从大英帝国脱离而形成的众多成功民主政体。在众多创新体制中，印度、加拿大、南非的宪法大致都在我基本模式的范围之内。另外，德国宪法的成功，激励了其他国家——特别是西班牙——将其作为从威权主义转型的参考标准。

现在，有限议会制已经成为世界上冉冉升起的新范式，我们可以从其在过去近半个世纪的实际运作中获益良多。可是，现在没有任何理由能够假定，已经有政体发现了一条有限议会制的最佳道路。这也是我将拙著命名为"新"分权的原因之所在。尽管我反对美国式的众议院、参议院与总统的权力竞争，但我仍然坚持我们首先必须从挖掘分权主义者在限制议会制方面的潜力着手。第一部分我将讨论如下议题，即国会的立法权可以被民主自治政府的其他机制所约束，包括全国范围的公民投票，以及州政府在联邦系统中的代表。

第二部分采用与上文类似的否定与肯定并用的方式，评估分权主义对于司法与官僚机构专业化的潜在贡献。就负面来说，美国的表现在显微镜下被重新审视。尽管美国体制在塑造独立、专业的司法机关方面相当成功，但其对于官僚体制的影响就未必那么正面。众议院、参议院与总统为了控制管理机构而进行的无休无止的斗争，导致了政府官僚机构的过度政治化，由此将行政分支变成法治的敌人。

与美国模式相对照，议会制与公共行政交互作用，在民主与专业化之间保持了更为建设性的关系。但我再次重申，将国会与官僚机构的关系交由不成文宪法来规制，这是一个巨大的错误。我认为宪法应当通过明文创设两个截然不同的政府分支，以确保文官政府实现其核心目标，也即通过其中立、专业的管理服务于公共利益。

我的第三部分转向基本权利问题，该问题将美国分权模式与权利保障联系在一起，这使得公众意见复杂化了。甚至对自由放任主义的铁杆支持者来说，也有不少恐惧来自于总统、众议院与参议院年复一年的动态交互作用所造成的政制模式。为了更富于建设性，我特别敦促宪法学者超越传统的、以法院为中心的视角。毫无疑问，最高法院对于基本权利的保护，乃是有限议会制模式的核心元素。但是，在公民政治参与权利的有效保障，以及兑现关于分配正义的基本承诺等方面，独立的非司法机关是必要的补充。

在本书终章时，我们应当大大超越目前已是宪制标配的一个半国会、权利法案以及宪法法院。我的目标是展示，宪法的缔造者是如何将有限议会制的基本理念演化为丰富多彩的路径，以实现复杂的政治目标。尽管构成我的规划的特定元素可能在既有的各国政体中存在先例，但我的整个方案并非各个元素的简单叠加，其作为一个整体规划，看起来仍是相当新颖的。当然，我的方案要成为正式的、可操作的计划，还需要更多的比较研究以及分析工作。

目前，我以颇具冒险的精神先把方案提出来。我希望推动比较宪法从当前幼稚的、自我宣传的状态转向真正意义上的关于西方宪政主义未来的跨国对话。其智识和制度资源何在？它们可以组合成多少种表现良好的政府组织形式？如果我构思的有限议会制能够在上述对话中抛砖引玉，让来自不同法律传统的对话者提出有可能针锋相对的方案，我也很高兴。

如果这有助于美国宪法专家们用批判的视角去重新审视他们的传统，那就更好了。[14]尽管我对美国宪法有诸多批判，但我并不希望由此被误读为建议美国人抛弃其历经两个多世纪演进的分权体制。尽管其毛病不少，有的还很严重，但时至今日，总统、众议院与参议院的对抗模式对美国人来说已经习以为常，它们为立法提供了固定的规则，而公民们也可以循此来界定，有时甚至可以决定那些可能影响后世的重大议题。由于既有的体制在美国文化中已经根深蒂固，鼓吹凭空创设一套更好的新制度未免太鲁莽了。

但是对美国人来说，努力将其分权制衡的体制发展到最好是一回事，高举美国模式、将其作为全世界自由民主的指路明灯则是另一回事。

〔14〕 Cf. George P. Fletcher, *Comparative Law as a Subversive Discipline*, 46 *AM. J. COMP. L.* 683, 690 (1998).

I
民主正当性

　　本章分为三个部分。第一部分尝试对总统制的诸多缺陷进行批判性的罗列。为了论述的方便，我会从总统制的传统竞争者威斯敏斯特模式开始，但我会很快延伸到美式、法式总统制与英式、德式议会制的比较。当第一部分完成时，我希望这些总统制的劣势已经足以警醒我们，让我们有足够的动力去探寻其他的政体选项。

　　接下来的论述则会采用更具建设性的方式。尽管有诸多制度的缺陷，但分权主义的体系仍然表现了其对民主生活独具特色的真知灼见，我在其他著作中将这一创见总结为"二元制民主"的体制。[15]在论述的第二个部分，我将研究该创见是否可与议会制的政体相容。这一思考将我的有限议会制的模式予以拓展，以容纳用以实现二元民主理想的新分权体制。

---

　　[15]　See BRUCE ACKERMAN, WE THE PEOPLE: FOUNDATIONS 3 - 33, 295 - 322 (1991) [hereinafter ACKERMAN, FOUNDATIONS]; BRUCE ACKERMAN, WE THE PEOPLE: TRANSFORMATION 3 - 8 (1998) [hereinafter ACKERMAN, TRANSFORMATIONS].

第三部分集中讨论联邦制的问题，该问题将关于民主正当性的讨论进一步复杂化。为什么联邦制常常会导致一个半国会的方案？在此方案下联邦参议院与全国性普选产生的众议院相较居于下风，有什么好的理由支持这一方案吗？为什么不能效法澳大利亚和瑞士，创设一种联邦参议院与众议院居于对等地位的体制？联邦制是如何把支持与反对总统制的争论复杂化的？在本章的结论部分，我会对各国两院制状况予以评价，并基于更为国家主义的自我认知来拒绝联邦主义。

A. 反对总统制

关于"民主"，我建议跳过哲学上的陈词滥调，直截了当地问一个简单的问题：需要赢得多少次选举，一次政治变革才能获得足够的立法授权？

在实行非分权制的经典英国式的威斯敏斯特民主之下，答案很简单：政治变革只要赢得一次选举，就能得到充分的授权。

进一步讲，在英国式的选举中，选民只能投票一次，这意味着他不能同时投票给工党的国会议员和保守党的首相。如果选民希望某个首相当选，唯一的方法是投票给这个首相所属政党的议员。通过这样一种在分权制下未知的方式，把每个议员的命运与其党魁绑在了一起。如果某政党领袖不受人民欢迎，该党的议员也难逃选举的惩罚，因为选民对首相表达不满的唯一途径是在其选区不投该党议员的票。在一些极端的情况下，普遍的不满会导致后座议员起来推翻本党领袖；但是通常，议员个人为了自保，会与政党领袖同甘共苦，使用各种手段并运用政治智慧，以挽回选民的支持，从而获得内阁机会的最大化。通过这种压倒一切的选举刺激来支撑当下政府，由此，威斯敏斯特模式不仅在严格的法律意义上实现了多数人政府的宪法承诺，该模式更为将宪法承诺落实到日常生活提供了政治途径。

英国模式的另一个特色是首相有权决定在什么时间改选国会（对首相自由裁量权的唯一限制是每届国会最长不得超过 5 年）。[16]这意味着首相在其任期的较早阶段，可以推动不少相对激进的政策，而不用担心立刻招致败选的风险，只要其认为不会因此而失去当下的政治支持。[17]这样，多数党不仅上台执政，而且于再次改选以求人民对其政绩进行裁判之前，有一个公平合理的机会将其政治纲领落实为

---

〔16〕 See Parliament Act of 1911, §7; see also BILL JONES & DENNIS KAVANAGH, BRITISH POLITICS TODAY 170 (5th ed. 1994) ［"自1945年以来的每位首相任期平均下来约为四年。除了作为特例的玛格丽特·撒切尔之外，几乎没有在任首相被解职；尽管丘吉尔（1955年）、艾登（1957年）以及麦克米伦（1963年）任内都有解职的压力，但他们都有惊无险地干到退休"］; COLIN TURPIN, BRITISH GOVERNMENT AND THE CONSTITUTION 417 (3d ed. 1995).

首相解散国会的权力是一柄双刃剑，如改选后败选，首相比任何人损失都大。"从1945年至今发生过12次解散国会，其中现任首相败选的有5次之多……如今，大多数首相在决定改选的日期之前都会谨慎地征求同僚们的意见。"JONES & KAVANAGH, supra, at 168 - 69.

〔17〕 一个风险警示是：普通议员有权背叛政党领袖，他们要么选举另一个政党领袖，要么在国会中拒绝支持政府的计划。国会表决对内阁的不信任案，这当然是一剂猛药，在不利的情况下可能会导致国会的解散与改选。由于后座议员通常极其不愿意走到这一步，所以在威斯敏斯特政体下的政党纪律是比较刚性的。Daniel Diermeier and Timothy Fedderson have formally elaborated this point. See Daniel Diermeier & Timothy J. Fedderson, Voting Cohesion in Presidential and Parliamentary Legislatures 20 - 23 (June 1996) (unpublished manuscript, on file with the Harvard Law Review).

尽管不信任投票在威斯敏斯特体制下意义不大，但有时它对后座议员仍有很大吸引力，在政治前景极其黯淡的情况下，他们有可能支持更换政府首脑。关于这种可能性的研究，参见 pages 657 to 661.

行动。

1. 分权主义者的回应

关于这一问题一定有很多可以讨论的，不过我们不妨就权力分立划定几个基本的议题。当我们将分权作为政治合法性原则时，分权制的支持者就集中于这一关键的单一规范命题。他们认为，一次单一的胜选不足以赋予政治变革以充分的立法授权。这一观点为分权制归纳了独具特色的要素：事实上，不同立法机关的选举时程是错开的。即使某党在一次选举中大胜，为了获得充分的立法授权，它也必须得再连赢多次。

在这样的规范架构下，任何情况都可能发生，今日之美国实在是一个特别复杂的特例。我们假设一个简化了的分权体制：只有两个立法权——国会与总统——任期均为四年，每两年交替进行各自的选举。

即使在这个简化了的分权制模式中，仍有很多在非分权制下不会发生的状况。

（a）僵局（Impasse）

显而易见的僵局是：国会的多数党与总统分属两党，或同党的两个不同派系。在改选之前应如何运作政府？

事实上，可能有三种情况。其一强调和解。对立的权力分支领袖不想在选民面前闹得像没家教的小孩。他们会采取这样或那样的说服与讨价还价的组合政策，由此带来一系列受欢迎的结果。对于大多数选民来说，这比威斯敏斯特体制下的胜者全拿更有吸引力。我们可以把这一情况称为"麦迪逊期望"（Madisonian hope）。[18]

第二种情况是宪法崩溃。为了消灭其对手，某个权力分支破坏宪法体制、把自己变成唯一的立法者；在这个过程中，夺权者可能借重公民投票的背书来粉饰其毁宪行为，也可能压根不会动用公投。

基于我的朋友和同事胡安·林茨的研究贡献，我有点儿反讽地将这种宪法崩溃称为"林茨噩梦"（Linzian nightmare）。作为在比较政府领域第一流的学者，林茨声称分权制是美国最危险的出口品，对于拉丁美洲国家尤其如此。[19]一代又一代的拉丁美洲自由主义者高举孟德

---

〔18〕 基斯·克雷比尔敏锐地将麦迪逊期望可能实现的条件予以限定化。See KEITH KREHBIEL, PIVOTAL POLITICS: A THEORY OF U. S. LAWMAKING 34 – 39 (1998). 美国的体制在多大程度上实现了麦迪逊的期望？这是一个好问题。不过，对本书而言这个问题太大了，本书仅仅打算问美国人是有多么渴望把我们的体制输出到外国。

由于我的研究偏重于强调分权制病态的结构趋势，我在这里也提供两个重要的关于美国体制的正面研究供读者参考。在 *Divided Government* 一书中，莫里斯·菲奥里纳辩称美国选民更倾向于分裂的政府，因为他们目前并不想为各主要党派所提出的政治理念提供确定的背书。See MORRIS FIORINA, DIVIDED GOVERNMENT 4 – 5 (2d ed. 1996). 在 *Divided We Govern* 一文中，戴维·梅修声称分裂的政府对于主要的立法工作阻碍不大。See DAVID R. MAYHEW, DIVIDED WE GOVERN: PARTY CONTROL, LAW-MAKING, AND INVESTIGATIONS, 1946 – 1990, at 178 (1991); see also Sarah A. Binder, *The Dynamics of Legislative Gridlock*, *1947 – 96*, 93 AM. POL. SCI. REV. 519 (1999). 该文辩称立法的僵局并非源于分裂政府本身，而在于各政党政策偏好在国会两院以及整个国会的分布状况。在菲奥里纳和梅修的主张中有一些我可以接受的部分，因为他们主张，尽管最近在权力分支的合作方面已有一些严重的问题，但情况本来可能变得更糟。当然，我们不可能确定地说，过去这些年国会系统本该如何运作；也无法预测美国人未来在应对其立法系统独特的挑战方面，是否能或多或少取得成功。

尽管菲奥里纳和梅修在其文章中没有考虑大部分的结构性缺陷，但他们的著作仍然在一定意义上支持了我对美国体制的评价，或者可称其为"以观后效"（watchful waiting）：尽管我们应该反思是否可以输出该体制，但分权制的运作没有（或者说还没有？）严重到警醒我们即刻考虑真正彻底的改革。*Cf.* JAMESL. SUNDQUIST, CONSTITUTIONAL REFORM AND EFFECTIVE GOVERNMENT (rev. ed. 1992)（该书提出了一系列修补性的宪法改革）。

〔19〕 林茨在以下作品中全面提出了他的主张，Juan J. Linz, *Presidential or Parliamentary Democracy: Does It Make A Difference?*, in 1 THE FAILURE OF PRESIDENTIAL DEMOCRACY 3 (Juan J. Linz & Arturo Valenzuela eds. , 1994).

斯鸠的格言与美国的范例，以指导其设计宪法政府、将立法权交由民选的总统与国会分享。可是，面对毫不妥协的国会，在军队和（或）超越宪法的公民投票的协助下，因分权制而遭遇挫折感的总统往往摇身一变成为军事强人，最终摧毁了既有的宪制。从比较的视角看，其结局实在令人震惊。大约有三十个国家实行总统制，其中绝大多数在拉丁美洲。这些国家都毫无例外的在不同时期陷入林茨噩梦，它们甚至常常会重蹈覆辙。当然，导致其宪政崩溃的还有其他大量可变因素，[20]但正如乔凡尼·萨托利所说，这些惨淡的记录"提醒我们反思，他们的政治难题是否在于总统制本身"。[21]

---

〔20〕 关于总统制崩溃的成因，统计学方面的经验研究还处于初级阶段，尚不足以推导出有力的正面关联性。*See* Jose Antonio Cheibub, *Divided Government, Deadlock and the Survival of Presidents and Presidential Regimes* 27 – 33 (Sept. 1999) (unpublished manuscript, on file with the *Harvard Law Review*). 尽管如此，柴巴布还是有如下观察结论：

我们发现，与总统制民主相较，内阁制民主存续的时间可能要长得多：从 1950 年代到 1990 年代（包括其中的任何时段），总统制的崩溃概率是 0.0477，内阁制的相应概率则为 0.0138。尽管看起来概率差距有限，可当你把它换算成存续的年限时，就会发现平均下来内阁制度的寿命为 73 年，而总统制的寿命仅为 21 年。*Id.* at 18.

〔21〕 Giovanni Sartori, *Neither Presidentialism nor Parliamentarianism*, in 1 THE FAILURE OF PRESIDENTIAL DEMOCRACY, *supua* note 19, at 106, 107. 比较来说，至少内阁制政体成功率较高：

相关数据总共包括 93 个国家，它们分别于 1945 – 1979 年取得独立。在 1980 – 1989 年的 10 年里，93 个国家中只有 15 个符合条件，可以被归类为连续的民主制……我们对如下事实印象深刻，从 1980 – 1989 年这一样本时段来看，在 52 个非议会制的国家中居然没有一个发展成为连续的民主制；相反，在独立之初即实行议会制的 41 个国家中，有 15 个（占总数 36%）发展出了连续的民主制，这也是全部 93 个样本中仅有的成功范例。

Alfred Stepan & Cindy Skach, *Presidentialism and Parliamentarianism in Comparative Perspective*, in I THE FAILURE OF PRESIDENTIAL DEMOCRACY, *supra* note 19, at 119, 124. 他们选取样本的时段不同，由此得出不同的数据，但所得结论与上述结论大致相仿：

从 1973 年到 1989 年，在工业发达的民主国家的经济合作与发展组织（OECD）之外，有 53 个国家引入了民主体制，其中大约一半（25 个）国家采用总统制，其余 28 个国家实行议会制。这其中，只有 22 个国家的民主制度存续了 10 年以上，由此可见民主体制的崩溃经常发生。而在这些幸存的民主体制中，有 17 个（占总数的 61%）是当然也有一种可能，虽未落入林茨噩梦但也未实现麦迪逊期望。总统和国会并未爆发全面战争，而是陷入无休止的互相诽谤、彼此控诉与派系死结。更糟糕的是，对立的权力分支会运用宪法赋予它们各自的权力工具，互相找麻烦：国会不停地攻击行政机关，而总统则不放过任何可以摆脱束缚、单方面行动的机会。我称这种状况为"治理能力的危机"。

危机一旦发生，就会升级为恶性循环。总统为"解决"紧要问题而单方面颁布行政命令以打破立法僵局，但这往往会超越其正式的宪法权限；议员们不但不加抗议，反而庆幸他们由此推卸了政治责任，且不必作出两难的决定；随后，总统遵循以上先例来扩展其发布行政命令的权力；这类新兴的政治实践甚至可能被之后的宪法修正案所追认。渐渐地，国会变成一个发表负面意见的论坛，而总统则单方面对棘手问题作出决定，不需考虑国会各主要政党所代表的利益或意识形态。这种恶性循环已见于阿根廷和巴西等国，尽管这些国家最近才脱离军事独裁的状态。[22]

纯粹的议会制政体；只有5个（占总数的20%）实行的是总统制。

Robert Dahl, *Thinking about Democratic Constitutions：Conclusions from Democratic Experience*, *in* POLITICAL ORDER：NOMOS XXXVIII 175, 191 (Ian Shapiro & Russell Hardin eds., 1996). 达尔教授总结说："在那些民主化条件不太好的国家……议会制看起来比总统制更有利于最基本的民主体制的稳定。"*Id.* at 189. 如果有学者在这个问题上的判断特别值得我们重视的话，那就是罗伯特·达尔。在民主体制的实证研究领域，他比所有20世纪的政治学者都贡献得更多。

〔22〕 See Timothy J. Power, *The Pen Is Mightier than the Congress：Presidential Decree Power in Brazil*, *in* EXECUTIVE DECREE AUTHORITY 197, 220 – 21 (John M. Carey & Matthew Soberg Shugart eds., 1998); Delia Ferreira Rubio & Matteo Goretti, *When the President Governs Alone：The Decretazo in Argentinq 1989 – 93*, *in* EXECUTIVE DECREE AUTHORITY, *supra*, at 33, 33. 凯里和舒加特教授在各国的行政单边主义领域组织了一系列的案例研究，做了很多工作，但他们文集所收的其本人的文章却给我们上了奇怪的一课。尽管他们不否认行政机关有篡权的行为，但他们却将其重要性予以最小化，干巴巴地说他们"尚未准备好讨论"发生在阿根廷、巴西和其他国家的案例所引发的宪法问题。John M. Carey & Matthew Soberg Shugart, *Calling Out the Tanks or Filling Out the Forms?*, *in* EXECUTIVE DECREE AUTHORITY, *supra*, at 1, 14. 但是，对那些关心政体选择可能变数的宪法学者来说，总要作出法律判断，而不能一直悬而未决。

作为总统制的发源地，美国也有类似的危机，只是症状较轻罢了。[23]

以上三种情况发生的可能性因时因地而异。但它们已经构成分权制政府独有的代表性元素。的确，威斯敏斯特体制也无法防止独裁的发生。[24]但是在不那么极端的日常政治中，议会制的确较少发生政府治理能力的危机。甚至在麦迪逊期望的状况下，威斯敏斯特体制也更有利于政策规划的连贯性；尽管它也容许更迅速的政策变动，因为一次选举的胜利就可能引发法律现状的迅速转变。

（b）全权

我一直在考量僵局状态下的分权制，如果某政党不能长期保持胜选的话，就无法满足掌控立法全权的制度条件。但也有明显的例外，某个政党连续胜选了足够多次，以至于掌握了所有相关权力。我称这种状态为全权。

（i）换轨为全权：法国与美国的比较

采用分权制的宪法，可以根据其为政治变革获得完整授权所设置的难度来分级。在弱体制下，少数几次胜选就足以推进激进的政策；而强体制则要求在一系列选举中获得稳定的胜利。上述两种针锋相对的体制，也即法国模式与美国模式，在当下的宪法设计中常常发生

---

〔23〕 See Terry Moe & William Howell, *The Presidential Power of Unilateral Action*, 15 J. L. ECON. & ORG. 132, 143–48（1999）（该文讨论了美国国会对于总统权力的反抗）。关于克林顿白宫与共和党国会单边权力的运作，亚历克西斯·西梅恩第格提供了具有洞察力的新闻报道记录。See Alexis Simendiger, *The Paper Wars*, NAT'L J., July 25, 1998, at 1732.

〔24〕 See supra note 21.

竞争。

在法国模式下，总统由人民直选产生，任期 7 年，* 但其任命的总理必须获得国民议会的多数支持。[25] 由于国民议会代表是每 5 年改选一次，法国宪法预设了一种摆荡式的选举体制，总统与总理的关系取决于最近一次国民议会选举的结果。如果总统所属的政党在国民议会选举中成为多数党，他（大致上）[26] 就会以全权模式来执政，这时总理就好比总统的幕僚长。反过来，当国会由总统的反对党控制时，法国总统所遭遇的麻烦，大致相当于如美国总统克林顿面对充满敌意的众议院议长纽特·金里奇或参议院多数党领袖特伦特·洛特的情形。然而到目前为止，法国一直以麦迪逊式的风度，渡过了这种针锋相对的政治危机。尽管宪法文本并没有规定如何处理这种在"共治"状态下权力分支的竞争与合作关系，但双方大致上仍可以妥协，从而避免了恶性冲突。即便如此，发生政府治理能力危机的可能性依然

---

* 7 年总统任期在法国有着悠久的历史传统。但在 2000 年 9 月，法国通过公民投票，决定自 2002 年起，将总统任期由 7 年缩短为 5 年。据称，是为了解决总统、议会选举不同步，新旧民意不同造成的"左右共治"问题（即握有实权的总统，与总理及其代表的国会多数分属两党，共同治理国家）。但在理论上，这仍然无法避免由人民分裂投票造成的"左右共治"。——译者注

〔25〕 See Martin A. Rogoff, *The French (R) evolution of 1958 – 1998*, 3 COLUM. J. EUR. L. 453, 458 (1997 – 1998).

〔26〕 当总统所属政党主宰了执政联盟时，他的权力就最大化了，例如夏尔·戴高乐在 1962 – 1969 年、乔治·蓬皮杜在 1969 – 1974 年、弗朗索瓦·密特朗在 1981 – 1986 年，以及雅克·希拉克在 1995 – 1997 年都是如此。如果执政联盟倾向于总统，但总统并不能直接控制执政联盟中的主要政党，政府总理就拥有较大的独立性，例如吉斯卡尔·德斯坦总统在 1974 – 1981 年、密特朗总统在 1988 – 1989 年的情形便是如此。See John T. S. Keeler & Martin A. Schain, *Presidents, Premiers, and Models of Democracy in France*, in CHIRAC'S CHALLENGE: LIBERALIZATION, EUROPEANIZATION, AND MALAISE IN FRANCE 23, 25 tbl. (John T. S. Keeler & Martin A. Schain eds. , 1996) [hereinafter CHIRAC'S CHALLENGE].

存在。[27]

以美国标准来看，法国的权力分立明显不够彻底。就政治层面来说，因为参议院权力有限，法国总统主要的担心就来自国民会议的对抗。[28]进一步来讲，法国总统还可以选择时机发动国会改选，以争取重获全权。[29]与之相对照，美国众议院、总统和参议院的任期固定为2年、4年、6年，三者的任期交错在一起，在美国体制下实现政治变革的门槛更高，必须多次胜选以牢牢控制整个立法权。

---

〔27〕 历史上曾发生过三次法国人所称的"共治"。1986－1988 年，左翼的社会党总统密特朗与右翼的总理希拉克分享权力；1993－1995 年，密特朗总统又与右翼的巴拉迪尔分享权力。第三次"共治"始于 1997 年，社会党人利昂内尔·若斯潘当选总理，与希拉克总统分享权力。在密特朗总统任内的第一次"共治"时期，总统保留了在外交与国防领域的垄断权，但在绝大多数国内政策领域放权于总理。在密特朗的第二次"共治"时期，总统所属的社会党在国会的劣势更加明显，他被迫在国防、外交领域也与反对党的总理分享权力，尽管这些权力自戴高乐以来传统上为总统的保留权力。See Keeler & Schain, *supra* note 26, at 37－41. 总的来说，仰仗其令人钦佩的政治风度，法国人维持了精妙的权力动态分享体系。我随机翻阅报纸，发现目前在法国发生的"共治"依然如此。

这种符合麦迪逊期望的妥协模式并非宪法文本所塑造的，在法国宪法之下，制度的冲突也可能以强硬得多的模式蔓延开来。例如，某个自我膨胀的总统可能会根据宪法第 9 条（"共和国总统应主持部长会议"）声称其在所有事务上对总理都有普遍监督权。（FR. CONST. art. IX.）但是反过来，某个自大的总理也可以用宪法第 20 条的规定（"政府应决定与指导国家的政策"）作为宪法依据，同样要求行使普遍的权力。（FR. CONST. art. XX.）

法国顶尖的宪法注释学者赋予一些看似明确的关键宪法条文以一定的模糊性，这对于英美法传统来说值得关注。例如法国宪法第 8 条，其看起来似乎否定了总统要求总理辞职的权力："总理由共和国总统任命。如果总理提出政府总辞，总统应免除其职务。"（FR. CONST. art. VIII.）

但正如艾夫里尔教授在其杰作中所说，宪法实践表明，这个条款"实际上远比它初看起来要模棱两可"。PIERRE AVRIL, LES CONVENTIONS DE LA CONSTITUTIONIW (1997) (translation by Bruce Ackerman) (quoting Francis de Baecque with approval). 有关艾夫里尔对于宪法实践的分析，参见 *id.* at 1－4.

这些早先的共治经验能否成为法国宪制长期稳固的特色，现在下结论还为时尚早。

〔28〕 See Rogoff, *supra* note 25, at 459.

〔29〕 See FR. CONST. art. XII. 根据宪法规定，新国会履新一年之内，总统不得予以解散。See id. 如果总统尝试通过国会改选打破僵局但最终失败，该体系很可能会面临治理能力危机的威胁，不过这种危机到目前为止尚未发生。

从司法权来看，法国的权力分立就更不彻底了。尽管法国宪法委员会在宣告总统推动的法案违宪方面相当有勇气，并且拥有完整的政治授权；[30]但宪法委员会的 9 名成员每 3 年会更换 3 名[31]——这与美国最高法院比较起来尚缺乏强大的基础以抗拒一场正在兴起的政治变革。

总而言之，在美国体制下，有时一场政治变革需要连续十年以上的连续胜选，以掌控所有的关键机关；而在法国的体制下，则远没有那么费事。毫无疑问，在美国体制下，尽管要使政治变革获得充分授权明显是相当困难的，但也不是不可能。

（ii）为什么在全权状态下分权依然重要

我应当排除明显的规范性问题——分权应该有多弱或多强——而去关注同样重要，但更偏重行为模式的问题：有什么理由可以认为，全权在手的分权政府与威斯敏斯特体制下运作的政府行使权力的方式

---

〔30〕 在不少重要的案件中，已届满的法国宪法委员会将新当选政府推行的方案的核心部分宣告无效。这其中最震撼的例子，是委员会对密特朗总统任期之初的广泛动议进行了否定性的审查。See ALEC STONE, THE BIRTH OF JUDICIAL POLITICS IN FRANCE, 140 – 69 (1992)（这部分描述了委员会对产业国有化政策的应对）；id. at 17331（这部分描述了委员会在通讯行业改革中所扮演的角色）。当 1986 年政治潮流开始不利于密特朗时，他任命了司法部长罗伯特·巴丹泰担任宪法委员会主席，此时距预期反对派将掌权的国会改选仅有 1 个月时间。尽管该任命在当时遭到尖锐批判，但是它成功地在委员会形成了一个微弱的多数；由此，对 1986 年保守党派重新掌权后所推动的政策形成明显的制衡。See John Bell, *Principles and Methods of Judicial Selection in France*, 61 S. CAL. L. REV. 1757, 1784 (describ-ing the appointment of Badinter)；*id.* at 1788 – 89 (1988)（这部分讨论接近分裂的多数）。该委员会也同样抗拒了 1993 年再一次政治反转后的政策变化。See Alec Stone, *Constitutional Politics and Malaise in France*, in CHIRAC'S CHALLENGE, *supra* note 26, at 53, 71 – 73. See *generally* MARIE-ANNE COHENDET, LA COHABITATION: LEÇONS D'UNE EXPÉRIENCE (1993); LOUIS FAVOREU, LA POLITIQUE SAISIE PAR LE DROIT: ALTERNANCES, COHABITATIO-NET CONSEIL CONSTITUTIONNEL (1988).

〔31〕 See Martin A. Rogoff, *A Comparison of Constitutionalism in France and the United States*, 49 ME. L. REV. 21, 79 – 80 (1997).

会有所不同？

当然不同。分权的政府知道它被赋予了一项特殊的、在威斯敏斯特体制下的政府所没有的权力。这是一种权力，它可以在未来很长一段时间将其决策深深地固定化（entrench）到该国的法律框架之中。不管威斯敏斯特政府在其最长 5 年的任期里是多么大权在握，他们都清醒地意识到他们引以为豪的政策动议可能在下一次，或再下次大选中被彻底清除。基于以上原因，威斯敏斯特政府有强烈的动机关注其政策的中期效果问题。政府希望其政策规划尽快启动并快速推进，以便在下次大选中影响那些注重实际的投票者。

全权的分权政府的情况则完全不同。尽管它可能在下次选举中失去众议院，但这并不意味着即刻失去总统职位（或者参议院、法院）。无论最近一次选举的结果如何，这些机构的在任者仍将继续捍卫其在全权时期通过的法律。这一趋势意味着，这些动议被深深地植入政治实践，能够维系很长时间，而相反威斯敏斯特政府的类似事业则随着败选很快被一扫而空。

这些基本的特点勾勒了全权时期与众不同的轮廓。首先，会有一个与宪政时钟可预期的赛跑。[32]在美国模式的政体下，在可能失去其

---

〔32〕 美国宪法史上最惊心动魄的赛跑实例，参见本人关于第十四修正案的通过探讨。（ACKERMAN, TRANSFORMATIONS, *supra* note 15, at 210 - 11.）最近一次美国政府在全权下运作的情况发生于 1960 年代。尽管对于具体的发生与结束时间存在争议，但大家一致认为这次全权的核心时间大约有两年，始于 1964 年总统选举中林登·约翰逊对巴里·戈德华特的压倒性胜利（4300 万票对 2700 万票），以及在国会选举中同样决定性的胜利（众议院 295 席对 140 席，参议院 68 席对 32 席），同时自由派在沃伦法院也取得支配地位。关于通过权力分支的共振，以实现高度活跃立法时期的看法，参见 JAMES T. PATTERSON, GRAND EXPECTATIONS: THE UNITED STATES, 1945 - 1974, at 562 - 92 (1996).

对立法权的某个关键层级的控制之前，政府只有相当短的时间——仅仅两年——能确保全权。其挑战是最大限度地利用其相对短促的任期，这样的机会可能一辈子都不会再有。这种朝向最大化的运动可能被一种副作用所增强，后者源于之前的僵局时期。在这一（通常很长的）时期，冉冉升起的政治变革已经被一个或更多的权力分支所掌权。可是一次又一次，政治变革的动议，遭遇来自对立的权力分支的敌视力量的挫败（或者不被看好的妥协）。在这段挫折期，具有明显意识形态倾向的政治人物不停地谴责这些妥协，渴望有一天不再需要妥协。

接下来，常常是出人意料的，一次选举打破了僵局，（至少在短期内）不再需要妥协了。其结果是爆发式的立法，以实现压抑了很久的理念与理想。

但是在分权制的典型模式下，与威斯敏斯特政体中期有效率的特色相对照，其搭建的规划更能抵御未来选举的逆境。事实上，因为两年后的下一次选举就会到来，政府发现在下次选举周期到来之前很难获得真实可见的效果。这意味着，第一，政府将会青睐于有很强宣誓性的立法动议。因为选民在投票前看不到具体的效果，政府最好可以给他们一些能即刻看到的东西：一个大大的象征。[33]

第二，即使在全权的时候，考虑到未来发生僵局的可能性，政府也会规划一些应对方案。一个典型是：它会以某种方式构建其政治动

---

〔33〕 现代经典著作 *The Symbolic Uses of Politics* 将政治描述为"头脑中的一系列画面"，以区别于"感知的世界，在其中，人们的所作所为会有直接可见的后果"。MURRAY EDELMAN, THESYMBOLIC USESOF POLITICS 5（1985）；see *id.* at 4–5, 22–29.

议，确保仅凭单个权力分支之力就能独立保护其确立的政策不被未来的敌对势力所清除。这种对于政策实践持续性的强调，可能是以中期效率的重大牺牲为代价的。

第三，当现任政府估计它继续掌控所有权力分支的可能性较小的时候，问题尤其突出。例如，对执政党而言，似乎选举规则有利于其长期维系国会的控制权，但总统的职位就不那么容易保有。如果是这样，立法机关可能会拒绝赋予总统执行其规划方案的权力，而该授权本来可以提高方案运作的效率。

我并不是说中期效率无足轻重，只是认为它没有那么重要。相反，在该问题上对于法条主义有一种偏见。不管我们对全权时期颁布的法律有何意见，它们都是法律。直至其被废止之前，已生效的法律都应当被尊重、诠释与执行，无论它们是否有效率。在可预期的僵局时期，它们可能不再被落实。但在被废止之前，基于法治的精神，难道它们不应被继续执行吗？

答案可能是否定的。总有人鼓吹政治化或"现实主义"法理学，他们强调：在全权时期之后的僵局时期以及下一个僵局时期，法院都有能力操纵法律。[34] 但是，对一方而言，实现法治是很有利的。假设其他条件不变，全权政府可以通过两种不同的方式利用其优势。一方面，立法中包括了很多抽象的法律原则，即使失去了立法机关的支持，与原全权政府志趣相投的法院仍可以把这些原则作为依据，继续

---

〔34〕 关于这段争论的专业见解，参见 GUIDO CALABRESI, A COMMON LAW FOR THE AGE OF STATUTES 81 - 90, 92 (1982).

推进原有的政治议程。[35]另一方面，立法又充满具体的规则，法院可以强制执行这些规则，即使总统（行政权）没有意愿积极落实过去的方案。

与美国模式相对照，威斯敏斯特模式体制下的立法容易被塑造为中观的概念，以适应政治运作的现实：与高高在上的原则相较更具体，与具体的规则相较则更抽象。立法者意识到，当现任的政治变革者在改选中失败后，原则与规则也都无法苟延残喘。到了噩梦成真的那一天，新当选的多数党轻而易举就可以废止或修改任何他们不喜欢的法律。[36]

因此，与通过创造性的法条主义束缚住未来的多数党的徒劳尝试相比较，专注于中期的政策效果要好得多。长远地看，保住其重要政策的最佳方式，是确保其在中期能有效落实，这样下届政府也会选择保留该政策。

2. 超越威斯敏斯特传统

我过去一直将熟知的威斯敏斯特体制作为一个简单化的版本，以此为例来攻击分权制。但我设置的基准点可能是错误的。毕竟，在很多议会制政体下，其内阁的寿命并不像英国那么持久。从 1945 年到

---

〔35〕 法院有多大的热情会这么做，这取决于很多因素的影响，包括在重返僵局模式之前，前任的执政联盟在多大程度上持续控制了司法任命权。

〔36〕 据我所知，特里·莫和迈克尔·考德威尔教授独具慧眼，将这些立法风格方面众所周知的差异与分权问题联系在了一起。关于所涉案例研究颇具启发性的概览，参见 Terry M. Moe & Michael Caldwell, *The Institutional Foundations of Democratic Government: A Comparison of Presidential and Parliamentary Systems*, 150 J. INSTITUTIONAL& THEORETICALECON. 171, 182 – 87 (1994).

1996 年，意大利内阁的平均寿命为 1.28 年，之后它就会被新的执政联盟所取代。[37] 在法兰西第四共和国末期，其内阁更迭的速度更快。[38] 如果我们在比较时突出意大利—法国的模式，那么美式体制是否看起来就好多了？

没错，不过意大利—法国模式的短板不在于非分权的体制，而在于议员选举采用的比例代表制。[39] 有些类型的比例代表制会导致立法机关中充斥着大量的小党，由于不同政党联盟的成本与收益常常发生微妙的变化，这类多党制可能会导致内阁无休止的变动。[40]

这种潜在的机制有助于我们从一个更佳的视角了解意大利与法国内阁令人难以置信的短寿。尽管每届内阁来来去去，但其中很多部长以及执政联盟的政党却长期在位，由此也为政府政策提供了一个长期的视野。[41] 该角度使得问题不那么突出了，但并没有真正解决它。这种无休止的争座游戏，必然会将部长们的关注点由政府政策转移为本人的后路。如果不能做点什么以矫正这一倾向，就会严重减弱我对分

---

〔37〕 See AREND LIJPHART, PATTERNS OF DEMOCRACY132 tbl. 7.1 (1999).

〔38〕 从 1950 到 1958 年，法国政府的平均寿命为 8.6 个月。参见 Sergio Fabbrini, *Presidents*, *Parliaments*, *& Good Government*, J. DEMOCRACY, July 1995, at 128, 129.

〔39〕 See GIOVANNI SARTORI, COMPARATIVE CONSTITUTIONAL ENGINEERING 58 – 59 (2d ed. 1997).

〔40〕 See MICHAEL LAVER & KENNETH A. SHEPSLE, MAKING AND BREAKING GOV-ERN-MENTS: CABINETS AND LEGISLATURES IN PARLIAMENTARY DEMOCRACIES 251 – 56 (1996). (该书对欧洲议会制下联合政府的搭建与解体提供了杰出的分析。)

〔41〕 See LIJPHART, *supra note* 37, at 129 – 31; SARTORI, *supra note* 39, at 111; see also Andrt Siegfried, *Stable Instability in France*, 34 FOREIGN AFF. 394, 399 (1956) ("由于同样的部长们在一届又一届内阁中持续在位，就好像是由他们构成了政府的团队"); Mary L. Volcansek, *Coalition Composition and L. egislutive Outcomes in Italy*, W. EUR. POL. , Jan. 1999, at 95, 96. (该文注意到，在二战后的相当长时间里，意大利"在西欧国家中，政府寿命最短，可内阁更换率却最低，这其中既有稳定的成分，也有不稳定的因素"。)

权主义的批评。

确实有些事情是我们可以做的。事实上，必要的少量的宪法工程学已成为当前大家熟悉的知识。在比例代表制的架构下，重要的一步改进是阻止碎片化的政党进入国会。有不少类型的比例代表制都为政党设置了一个投票支持率的门槛——通常为百分之四或百分之五[42]——只有达到这个门槛，小党才能成为内阁的制造者或破坏者。设置门槛可以减少潜在的参加讨价还价的政党联盟合伙人的数目——这些政党都可能提出要价、破坏既有的联盟——由此就降低了内阁的不稳定性。[43]

另一个起到稳定作用的措施是所谓"建设性不信任投票"制度。在该制度下，国会的反对党（联盟）不能仅仅因为他们不喜欢内阁的所作所为就倒阁。相反，反对党（联盟）在罢黜现任总理之前，必须确定能够选举产生新的政府。[44]这可不容易实现，因为极左和极右的政党会一致投票反对中间派的内阁，让它们就组阁问题达成一致的肯

---

〔42〕 在公认的民主国家中，瑞典和挪威设置了百分之四的门槛，而德国和新西兰的门槛为百分之五。参见 LIJPHART, *supra* note 37, at 153. 在德国，在特定条件下，小党可以规避百分之五的门槛。参见 *infra* note 48.

〔43〕 执政联盟的稳定性不仅取决于潜在的讨价还价者的数目，也取决于他们彼此在政策空间中的关系。See MICHAEL LAVER & NORMAN SCHOFIELD, MULTIPARTY GOVERNMENT: THE POLITICS OF COALITION IN EUROPE 144 – 63 (1990); LAVER & SHEPSLE, *supra* note 40, at 195 – 222. 从策略角度来看，政策空间中大党的存在对稳定有极大的帮助。总体来说，消除碎片化政党后更有可能出现稳定的联盟，尽管这并非必然的趋势。See *id*, at 69 ("在由相对较少数量的政党组成的政党架构下，大多数时候，突出的政策维度不会引发内阁的频繁轮替")。

〔44〕 在将总理解职之前，德国联邦议员必须以绝对多数任命新的内阁。参见 ER. G. CONST. art. 67. 这一宪法机制乃是由卡尔·J. 弗里德里希教授所设计。参见 MERKL, *supra* note 2, at 81 – 82.

定性意见不那么容易。[45]这一宪法技术在今天已经非常普遍了。[46]

不少集合了以上两种技术的宪法在抑制内阁持续动荡方面取得了实质性的胜利。[47]最引人注目的是，自从二战结束以来，在兼采这两种技术的现代德国宪法下，[48]德国总理及其执政联盟的可期待（平均）寿命达到3.6年。[49]

由此可见，即使在实行比例代表制的国会选举体制下，明智的宪法工程学仍可以带来稳定的内阁，令其专注于中期效率的问题。与之相较，分权制的问题则生硬地嵌入了选举制度之中。由于选民可以对国会议员和总统候选人分裂投票，所以就会产生僵局的时期和全权的

---

〔45〕 See SARTORI, *supra* note 39, at 106 - 7; Jon Elster, *Constitutionolism in Eastern Europe: An Introduction*, 58 U. CHI. L. REV. 447, 469（1991）.

〔46〕 在相对稳定的民主体制中，西班牙、巴布亚新几内亚、比利时采用了这一技术。参见 LIJPHART, *supra* note 37, at 101. 新兴民主国家如匈牙利和波兰也采用了此技术。See Jon Elster, *Forces and Mechanisms in the Constitution-Making Process*, 45 DUKE L. J. 364, 380（1995）（discussing Hungary's adoption of the con-structive vote of no confidence）; Rett R. Ludwikowski, "*Mixed*" *Constitutions-Product of an East-Central European Melting Pot*, 16 B. U. INT'L L. J. I, 37（1998）（discussing Poland's adoption of the same）.（该文就波兰采用同样的技术进行了探讨。）

〔47〕 法国第五共和宪法也包含了一系列有助于政府有效约束国会的制度设置。事实上，法国总理所拥有的宪法武器可能是太多而不是太少了。尽管如此，基于内阁稳定的考量，这其中有些设置值得未来的制宪者认真学习。关于法国相关技术的详述，参见 Keeler & Schain, *supra* note 26, at 26.

〔48〕 德国在特殊情况下，可以不适用百分之五的门槛："为了取得国会中的比例代表席次，每个政党必须获得至少百分之五的选票……但如果某个政党赢得了至少3个地区代表（第一张票）的席次，百分之五的门槛条款对该党可以豁免适用，该党可以参与国会比例代表席次的分配。前东德共产党……考虑到其在1994年重返国会时（在选民中）知名度有限，所以暂时不适用该条款。" CONRADT, *supra* note 7, at 154.

〔49〕 See LIJPHART, *supra* note 37, at 132 tbl. 7. 1. 只有一次，德国总理在没有改选的情况下被撤换。1982年，自由民主党与社会民主党的总理赫尔穆特·施密特分道扬镳，导致基督教民主党的赫尔穆特·科尔上位。See SARTORI, *supra* note 39, at 118 n. 7. 关于建设性不信任投票对于德国内阁稳定贡献的计算机模拟结论，参见 LAVER & SHEPSLE, *supra* note 40, at 212. 不少顶尖专家的定性评估结果也支持以上观点。参见 SARTORI, *supra* note 39, at 106 - 7.

时期，而不管其中哪种情况，事实上都是病态的。

事实上，一个超越了威斯敏斯特模式的改良可以轻易地暴露更多（而不是更少）美国模式分权体制的毛病。在英国的选举体制下，议员候选人在单一选区只要获得简单多数即可当选，这几乎不可避免地将（两大党之外）第三党降到政治上无足轻重的地位。我们以英国自由（民主）党为例，他们在最近三次大选中的得票率分别为 22.6%、17.8% 和 16.7%。[50] 在融合了比例代表制的典型欧洲大陆式的议会制下，有英国自由党那么高得票率的政党应当是国会的主要政党之一。

本文的目的不是描绘议会制政府的最佳模式，而是考察有更多权力分立的体制，以确认其条件是否更优。这意味着，我没有必要系统讨论那些为人们所熟知的支持与反对比例代表制的争议。[51] 相反，有个不同寻常的要点值得提出，当然它也是附条件的：如果你被比例代表制更胜一筹的民主正当性（条件是同时附有确保内阁稳定性的机制）所吸引，那就为拒绝美式的总统与国会的分权制找到了另一

---

〔50〕 自由党在 1987 年大选中得票率占总数的 22.6%，获得 27 个国会席次；在 1992 年大选中得票率占总数的 17.8%，获得 20 个席次；在 1997 年得票率占总数的 16.7%，获得 46 个席次。与之相较，工党在 1992 年得票率占总数的 34.4%，接近自由党得票率的 2 倍；但其获得的国会议席是 271 席，是自由党席次（20 席）的 13 倍还多。1997 年保守党的得票率是 30.6%，也不到自由党的 2 倍；与自由党的 46 席相较，保守党获得 165 个国会席次之多。参见 POLITICAL HAND-BOOK OF THE WORLD：1997，at 883（Arthur S. Banks，Alan J. Day & Thomas C. Muller eds.，1997）（提供了 1987 和 1992 年的选举数据）；Michael Elliot，*Blair's Britain*，NEWSWEEK，May 12，1997，at 34（提供了 1997 年的选举数据 providing figures for the 1997 election）。

〔51〕 阿伦·利普哈特介绍了关于支持与反对比例代表制这个一般性问题的一系列文章，Arend Lijphart. See Arend Lijphart，*Constitutional Choices for New Democracies*，J. DEMOCRACY，Winter 1991，at 72. 有一个简短而尖锐的评估，参见 SARTORI，*supra* note 39，at 53 – 79.

个理由。

为了证明这一点，让我们回到林茨噩梦，考察在最有可能发生下述情况的各项条件：一个魅力型总统宣称其当选意味着人民"授权"其发动根本性的变革，而争论不休的国会拒绝总统的一揽子方案，却无法达成共识并提出相应的反对案。作为回应，总统呼吁军队解散无所作为的国会，开创一个和平、繁荣和国家团结一致的新时代（并重点强调其中最后一点）。

基于显而易见的理由，当比例代表制导致国会中有五六个，甚至更多的党派并立时，以上状况最有可能变为现实。与议会制常常发生的情况不同，这些党派没有权力激励以组成多数党联盟；并在建设性不信任投票等宪法技术的协助下，在相当长的时间里维持其政府。相反，他们四分五裂的政纲导致其可以轻而易举地阻挠所有的总统提案，与此同时，却连至少表面一致的任何替代性方案也无法达成。

比较而言，英语世界普遍实行的"赢者全拿"的选举体制，在分权制下有其独特的优势。它通过排挤第三党，使得国会更容易保持适度的政治一致性，以便在僵局状态下对抗总统。立法机关的多数党成员有权力激励以应对政治上的挑战，他们要么与总统达成大致的妥协，要么为下次大选提出一个受欢迎的反对案。由于国会对国家政策提出了这样或那样的建设性回应，总统本人如果再想动用军事干预，看起来就完全没有政治正当性了。无论如何，这意味着我揭示了以下统计数据的内在根源：分权制最糟糕的形式，就是在宪法上将①民选的总统与②比例代表制产生的国会搭配在一起。[52]

即便真的是这样，我们在上文已经提出附条件的论证。如果想要实行比例代表制的选举体制，同时就应该放弃美国式的分权制。因为就政府稳定性而言，比例代表制在总统制下的潜在代价要比在议会制下的高得多。[53]

3. 个人崇拜

魅力型总统已经深深嵌入民主崩溃的林茨噩梦，成为其场景中的固定影像。不过，让我们先把这一启示录般的影像放在一边，转而考察美国或法国那样相当稳定的分权制的运作。但仍有一些问题困扰着我，这其中特别值得注意的是由独立选举产生的总统职位所带来的政治问题。

显而易见，民选的总统职位使体制倾向于个性的政治，尤其是单

---

〔52〕 See Scott Mainwaring, *Presidentialism*, *Multipartism*, *and Democracy*: *The Difficult Combination*, *in* FLYING BLIND: EMERGING DEMOCRACIES IN EAST CENTRAL EUROPE 55 (Gyorgy Szoboszlai ed., 1992); see also Dahl, *supra* note 21, at 192. ("在所有的宪制选项中，将总统制与比例代表制搭配的拉丁美洲模式，可能是最不稳定的。")

〔53〕 拉妮·吉尼尔尝试在美国推广比例代表制的理念，本段论述则指出其重大失误所在。尽管她意识到其改革方案的引入将导致国会权力因多党制而"巴尔干化"（碎片化），她却争辩说："考虑到选举的唯一目的是确定特定立法机关（如我们的国会众议院）的成员，所谓巴尔干化的阴霾并没有那么有说服力……甚至赢者全拿的拥护者也承认，观点的多元化正是国会的合法性所在，**并且有利于它们有效发挥其功能**。" LANI GUINIER, LIFT EVERY VOICE 263 (1998)（此处用粗体来强调）。吉尼尔教授错在将上述粗体字的让步归于现行两党制的拥护者。他们明显并不"认可"在一个包含独立选举总统的制度环境下，多党制国会的引入将导致国会更有效地发挥其功能。相反，他们担心在国会选举中引入比例代表制会导致北美的体制蜕变为引发林茨噩梦的拉丁美洲的病态体制。

个人的个性政治。的确，所有的总统与总理（首相）都拥有巨大的权力，很自然地，这令民众特别关注领袖们的个性癖好。但是，议会制在制约领袖们个性化的倾向方面更为有效。

我们先讲负面的。所有致力于向上爬到顶峰的人都有其缺陷，更不用说他们的阴暗面了；可是，有的阴影在公共宣传的聚光灯下曝光了，以至于公众大声疾呼："那家伙是个卑鄙小人，把他赶下台！"

如果以上情况发生了，在议会制下，政治惩罚将是迅速且毫不姑息的。和其他地方一样，其关键是首相需要保持国会稳定的多数。尽管通常对首相本党的后座议员来说，支持本党领袖于己更为有利；可一旦其领袖的个性成为长期的政治包袱，后座议员们也会在片刻之间迅速背弃领袖。最好的方式就是立刻撤换这个家伙，代之更有吸引力的面孔来在下届选举中宣扬该党的政纲。一旦民意调查显示铁娘子已成为未来大选获胜的障碍，甚至像玛格丽特·撒切尔这样铁腕的人物也会发现后座议员们是如此彻头彻尾的无情。[54]

如果总理领导的是一个多党执政联盟，失败的人物就会面对更具破坏性的窘境。一旦总理的名誉遭遇丑闻的玷污，联盟中的友党会毫

---

〔54〕 See ANTHONY H. BIRCH, THE BRITISH SYSTEM OF GOVERNMENT 99（10th ed. 1998）（"1990 年秋天，保守党在民意调查中落后工党达 15 个百分点。差距如此悬殊，以至于撒切尔被本党所抛弃"）；LEONARD FREEDMAN, POLITICS AND POLICY IN BRITAIN 107（1996）（"无论如何，到 1990 年时，很多她在国会的同僚都认为她已成为选举的负资产——情况严重到保守党只有抛弃她并另择明主才可能胜选……她的替代者约翰·梅杰率领保守党取得意想不到的胜利，之前本党同志的判断由此被验证属实"）。

不犹豫地撤换该总理。[55]但凡有品性污点尚未曝光的新人可供取而代之，友党们绝不肯与一个名誉受损的总理发生关联，以免惹祸上身。

与之相较，全民选举产生的总统有固定的任期，在分权制的宪法下弹劾与罢免几乎是不可能完成的任务——为了防止我们忘记这一点，莱温斯基事件给我们提了个醒。而该事件最为古怪之处，便在于那些妄下结论的专家们所作出的裁决。却伯教授对纽约时报的读者所作的担保具有典型意义："大家早知道，今天会以克林顿总统被宣告无罪而告终，在弹劾的闹剧下没有英雄——除了宪法的制定者们，该闹剧再次证明了他们的智慧。"[56]

在议会制下，比尔·克林顿式的总理无法撑过一个月。他的后座

---

〔55〕 作为德国最杰出的政治家之一，威利·勃兰特在 1973 年被其执政联盟中的友党（自由民主党）要求辞职，其直接原因是一个东德间谍冈特·纪尧姆被发现打入了总理的核心顾问圈。如同在类似案例下经常会发生的，此前勃兰特的地位就已岌岌可危，针对其大量实质性政策的公共支持度急剧下降，民意调查的支持率从 1973 年 7 月的 76% 骤然跌落至 1973 年 12 月丑闻披露时的 35%。参见 BARBARA MARSHALL, WILLY BRANDT: A POLITICAL BIOGRAPHY 91 - 96 (1997).

同样的命运也曾降临在菲利普·冈萨雷斯身上，他担任西班牙总理长达 13 年，先后赢得 4 次大选。在第四次选举中，他领导的社会党失去了国会的多数，不得不与加泰罗尼亚民主统一与联合党组成执政联盟。当冈萨雷斯政府牵扯到金融与政治丑闻（包括涉嫌参与共谋设立反恐怖主义解放组织）时，其联盟的友党立刻收回对政府的支持，并驳回了政府 1996 年的预算案。尽管根据西班牙宪法的规定，政府在预算案未通过的情况下不需要辞职，但宪法文本还刻在国会的墙上，冈萨雷斯还是解散了国会并宣布提前改选，其结果却是在大选中失利。参见 Gonzdlez Faces Agonising Dilemma as Poll Looms, AGENCE FRANCE PRESSE, Dec. 4, 1995, available in LEXIS, News Library; Marlise Simons, A Little Known Conservative Topples Gonzaldez in Spain, N. Y. TIMES, Mar. 4, 1996, at A3; Spanish Leader Is Accused in Killing of Basques in 80's, N. Y. TIMES, July 21, 1995, at A4.

最近，因丑闻而下台的总理还有：1989 年日本的竹下登，1994 年意大利的卡洛·阿泽利奥·钱皮。参见 Steven R. Weisman, Nakasone Seems Ready to Testqy, N. Y. TIMES, May 17, 1989, at A7; Alan Cowell, Italy's Premier Resigns, Paving Way for National Vote, N. Y. TIMES, Jan. 14, 1994, at A3.

〔56〕 Laurence H. Ttibe, And the Winner Is..., N. Y. TIMES, Feb. 12, 1999, at A27.

议员们早就发动叛变了；又或者他的联盟友党为了全力拼下次大选，早就将他扫地出门，为现存政府换一个新面孔。对照来说，美国则为关于克林顿品行问题的政治争议虚耗了一年的光阴。甚至，在冗长乏味的政治辩论最终有了一个正式结论之后，却依然留给这个国家一个对大多数公众来说品行恶劣的领导人。

我同意却伯教授的观点，在美国式的分权制下，比尔·克林顿的过失并不构成合理的宪法理由，以支持国会推翻人民在 1996 年总统大选中所作出的选择。[57]但是，与议会制处理类似事件的方式相较，分权制在处理这种小丑闻方面显得格外糟糕。很显然，美国人本来有更重要的事情要做，而不是被迫把整整一年都耗费在讨论某个人的品性缺陷上。

个人崇拜在不那么病态的情况下可能不会出问题——即便如此，在关键时刻，它依然会以非常微妙的形式表现出来。总的来说，问题源于总统超然于其他在国会和政党系统中的领袖的能力。当代的美国代表了一个极端的例子。有希望当选总统的人自己组织其专门的竞选团队，民主党或共和党的候选人只要从党内初选中脱颖而出，就可以相当自由地表达其自身的立场，完全不用考虑他们本党的基本纲领。[58]我们因此一点儿也不奇怪，克林顿在 11 月的总统大选中获胜

---

〔57〕 我在以下论文中对此有更多的论述，Bruce Ackerman, *Revolution on a Human Scale*, 108 *YALE* L. J. 2279, 2340 – 41（1999）.

〔58〕 该情况发展到极致，以至于鲍勃·多尔拒绝宣读共和党的政纲，以尽力避免与该党关于堕胎问题、任命保守派法官及其他问题的政策直接正面对抗。参见 Anthony Lewis, *Aesop's Party*, N. Y. TIMES, Aug. 16, 1996, at A33.

会被解读为人民对其个人的授权：人民选择**他**担任总统，他的政党无非是传达其个性与理想的工具。

总统权位的个人特性，也表现在他与内阁、与其立法规划的关系上。没有哪个部长会觉得他可以与其老板平起平坐：关键在于总统是民选的，而部长可不是。

同样个性化的逻辑在立法层面也是如此。为落实其倡议，总统与其助手们非常乐于组成一个临时性的跨党联盟，只要能让国会通过该法案。尽管这样的"胜利"可能会惹恼总统本党的坚持"党性"的同志，但他们持续的支持并非总统安于其位的必要条件。事实上，总统很可能会坚信，其历史地位取决于他在将政策落实为法律上有多么成功。如果他的计划要求超越其党派，那再好不过。这不正是所谓伟大的内涵之所在吗？[59]

（与总统相较）总理的处境就完全不同。她（他）终究要依赖其国会中同党的支持，如果总理不顾本党的尖锐反对而强行通过一项法案，那无异于政治自杀。只要听到反对的声音，不管是喃喃细语还是大声疾呼，总理都要认真对待——不管其方式是虚心接受、妥协还是压制反对的声音，至少在任何情况下，她（他）都不能对来自本党的异议置之不理。

诚然，总理的后座议员们也不会特别渴望公开的背叛，因为对选民来说，国会的失序可不是正面的宣传。虽然如此，总理也清楚

---

〔59〕 关于总统对其个人在历史发展中的地位的认知是如何塑造了典型美国总统的政治，可参见如下深入的讨论，STEPHEN SKOWRONEK, THE POLITICS PRESIDENTS MAKE: LEADERSHIP FROM JOHN ADAMS TO GEORGE BUSH (1993).

地意识到未来可能发生的危机将会考验其本党及后座议员的忠诚度，也即是否支持她（他）继续掌权。因此，她（他）压倒一切的目标乃是使本党与自己的政策保持一致：在党的大会上动员她（他）的一切力量，调试党纲以支持她（他）的政策，在国会关键的转折点上给每个后座议员施压，以保证其以政党为标准一致投票。

当然，所有这些行动都是自利的。然而，它有利于我称之为"刚性政党"（或"有原则的政党"，party of principle）的形成。总统通常倾向于从纯粹工具的层面来看待其政党；而总理则不然，她（他）不得不将其政党视作一个由政治活动家组成的持续性组织，他们致力于独具特色的一系列纲领。如果总理不喜欢这些纲领，她（他）必须努力劝说其同党的活跃分子调适其纲领，以推动实现她（他）的政治目标。不管其努力成功还是失败，议会制都会特别倾向于突出政党的形象，政党代表着一个恒久的政治规划。

（与总统相较）总理与其内阁的关系也是相当不同的。人民并没有向特定的个人予以授权，在本质上，总理与其内阁会议中的其他政党领袖并非地位悬殊。事实上，有些内阁成员在其党内的支持度与总理大致相当。在多党联合执政的情况下，其他内阁成员可能是联合政党的党魁，而他们的支持是政府得以存续的关键。因此，与分权制下的总统同行们相较，欧洲的总理不得不将其内阁视为格外重要的机构。尽管在欧洲议会制的体系下总理相对的权势也各有不同，但他们当中没有一个会装模作样地认为自己至高无上，而这在美国总统看来是理所当然的。[60]

在议会制下也会出现铁腕的领导。如玛格丽特·撒切尔首相与赫尔穆特·科尔总理，都是当代的例子。然而，总统制不仅仅是令铁腕领导不时地凌驾于日常政治冲突之上。总统制还为铁腕领导提供了常态化的基础，为领袖个人创设了一个平台，使之长期在高于普通凡人生活的政治平台之上大摇大摆。这真的好吗？[61]

颇具启发性的是，总统制下的宪法对该问题往往也表现出疑虑。在费尽心机地创造了一个最高领袖之后，宪法常常又限制其任期不得超过一届或两届。[62] 从民主的角度看，这样安排有其合理性：权力会

---

〔60〕 在总统制与议会制下内阁运作模式的基本不同，这对于政治学家来说是老生常谈。参见 LIJPHART, *supra* note 37, at 113 – 15. 在各个体制下，总理的权力无疑取决于其在本党中的地位，以及其政党在执政联盟中的分量（如果存在执政联盟的话）。安东尼·金的经验研究根据其权力高低将欧洲的总理分为三大类：高（德国、希腊、爱尔兰、葡萄牙、西班牙和英国），中（奥地利、比利时、丹麦和瑞典），与低（意大利、荷兰和挪威）。参见 Anthony King, *"Chief Executives" in Western Europe, in* DEVELOPING DEMOCRACY 150, 153 tbl. 9. 1 (Ian Budge & David McKay eds., 1994).

〔61〕 由此导致的一个次级的，但依然非常重要的问题是：一旦民选的现任总统死亡、辞职或被弹劾，便将其职位留给了副总统。这一总统职位的继承体制，持续地造成美国政治的不稳定。参见 ACKERMAN, TRANSFORMATIONS, *supra* note 15, at 176 – 77，在其他国家则造成重大的破坏。例如，当代巴西的政治就毁在平庸的继位副总统手里，他们在继位时期滥用权力。参见 Ackerman, *supra* note 10, at 22. 当然，在总统制框架下仍有可能解决该问题，例如取消副总统这一职位设置，为非正常的总统缺位举行特别选举——这也是为什么我把该问题的讨论放在脚注。

〔62〕 有一个非常有用的、关于 19 个国家的总统任期与连任届次限制的表格，参见 GIOVANNI SARTORI, COMPARATIVE CONSTITUTIONAL ENGINEERING 174 tbl. 11. 1 (2d ed. 1997). 深受公众爱戴的领袖不时会挑战上述限制的正当性。阿根廷总统卡洛斯·梅内姆就成功地令宪法会议授权其再干一届；最近，他又试图通过宪法修正案让自己再次连选连任，但没能成功。参见 Clifford Krauss, *Argentine Chief Drops Bid for Third Ten*, N. Y. TIMES, July 22, 1998, at A10. 巴西总统费尔南多·恩里克·卡多佐在其第一任期中也耗费了大量政治资本，试图通过宪法修正案授权自己得以再次参选。参见 Diana Jean Schemo, *Brazil's Chief Wins Vote Despite Scandal*, N. Y. TIMES, May 22, 1997, at A3. 近来类似的例子还不少，包括秘鲁总统阿尔韦托·藤森，他得到了法院与国会决定的支持，得以在 2000 年竞选第三个任期。

带来腐败，对于（总统）这样至高的权力来说尤其如此。

然而，在议会制下则盛行与总统制截然相反的规则，这让我们不得不质疑这一总统制宪法所依赖的前提。议会制下的宪制完全没有必要限制总理的任期，像撒切尔首相和科尔总理那样的领袖，他们在位的时间远远超过阿根廷、巴西、墨西哥或美国总统的法定最长任期。[63]对于幼稚的分权制鼓吹者来说，这可能看起来相当怪异。毕竟，如果集中的立法权（议会主权）是如此的危险，那么英国人与德国人就应该是所有民族中最需要设置政府首脑任期限制的。

当我们意识到政党对于国会领袖的限制是多么强有力时，上述悖论就烟消云散了。尽管看起来其权力完全不受制衡，但总理事实上受制于本党后座议员与执政联盟中竞争性的友党领袖，因而必须争取他们持续的投票支持。无论科尔与撒切尔看起来多么大权在握，他们永

参见 *Two Terms and You're Out*, ECONOMIST, Aug. 22, 1998, at 16. 罗马尼亚总统扬·伊利埃斯库也曾寻求第三个任期，参见 *Undermining New Democracies*, N. Y. TIMES, Sept. 7, 1996, at A20，但是他被挫败了，参见 *Fingers Crossed*, ECONOMIST, Nov. 23, 1996, at 57. 巴拿马总统埃斯内托·佩雷斯·巴利亚达雷斯也曾寻求连任，参见 *Latin America's Immovable Rulers*, N. Y. TIMES, Aug. 29, 1998, at A12. 然而，他争取宪法修正案以授权自己再次参选的努力，被巴拿马人民否定了，参见 *No Second Term*, ECONOMIST, Sept. 5, 1998, at 32.

最近关于总统任期限制的优劣之探讨，参见 Lawrence L. Schack, Note, *A Reconsideration of the Single, Six-Year Presidential Term In Light of Contemporary Electoral Trends*, 12 J. L. & POL. 749, 754 – 67 (1996).

[63] 撒切尔于1979年5月当选首相，到她1990年11月卸任时在位时间超过11年。参见 Dennis Kavanagh, in THE OXFORD COMPANION TO POLITICS OF THE WORLD 905 (Joel Krieger ed., 1993). 从1982年10月到1998年9月，科尔总理在任时间有16年之久，参见 *Biographies*: *Helmut Kohl*, ABC-CLIO, *available in* LEXIS, Kaleidoscope: Current World Data-Germany Stories; Serge Schemann, *Kohl*, *The Man For The German Movement*, N. Y. TIMES, July 1, 1990, at A1.

远无法逃脱其同僚的裁判，一旦选民呼吁改头换面，其同僚就会毫不犹豫地抛弃他们。因为总理的大权要仰赖其同僚的容忍才得以保持，故而与通过宪法保障获得的总统高权相较，前者要收敛得多。

从更加注重效率的角度看，总统制的个人崇拜会不可避免地导致负面效果——一方面，公民无法摆脱其已不再信任的总统；另一方面，他们也无法通过再次选举留住那种在十年甚至更长时间里持续获得高支持度的难得的领袖。这岂不是搬起石头砸自己的脚吗？

不过，我自己更关注的是，人格化的总统职位是如何侵蚀了民主理想的基石的。不管其形式是执迷于窥探沃伦·哈定与比尔·克林顿的过失，还是无原则地崇拜富兰克林·罗斯福与罗纳德·里根那样的英雄，总统个人崇拜都是与共和自治的核心精神背道而驰的。要求自由、平等的公民对某一个人的正直与理想寄托太多的信任，这对一部宪法而言完全是自寻烦恼。对于宪法而言，更好的选择是鼓励公民参与有原则的政治（politics of principle）——针对现有政党中哪一个最好地展现了他们集体的理想，并随着时代变化修正其理想，同时在没有单一政党获得多数支持时组建明智的执政联盟。

诚然，其结果可能令人沮丧。内阁制政府也可能蜕变为狭隘的派系政治，仅仅关注部长职位的瓜分，只服务于派系支持者。对于党派政纲无休止的争辩，可能只是对追逐派系利益与个人好处的一种犬儒主义的掩饰。如此残酷的前景，可能会让不少人将独立的总统职位视作一个可以接受的代价，由此也把（政治）活力与远见放入现代政治的铁笼之中。[64]

但是对我而言，即使最灰暗的前景也传达了不同的信息。没有任何形式的政府可以排除对公众激情的需要——当然，它总有其优劣得失。问题是，在权力交替时，这种寻求更大支持度的努力是更集中于总统候选人假定存在的克里斯玛，还是把更多的精力放在建构一

---

〔64〕 这一问题可能源自罗伯托·昂格尔教授对于独立选举产生的总统职位的偏爱，参见 ROBERTO UNGER, DEMOCRACY REALIZED: THEPROGRESSIVE ALTERNATIVE 122, 215 - 16, 264 - 65 (1998)，尽管他的比之前学者更加谨慎也更加理论化的著文说："根据被普遍承认的宪法原则的规划，政府的决策中心包括行政权与立法权。无论它们被构思为总统制政体背景下两个截然区分的政府分支，还是议会制下接近一权的模式，这都不重要。" UNGER, *supra* note 12, at 318. 昂格尔教授的开明观点令人耳目一新，不过我就必须坦诚地表示对某个特定教条的热情：支持或反对总统制，这个决定意义重大，在该问题上不应优柔寡断。

但是，乔凡尼·萨托利教授可能找到了一种方法来超越这种必须二选一的难题。他所推崇的混合政体，在每个选举周期之始是一个议会制模式的民主，总理及其内阁在国会议员多数的支持下执政。可是，如果总理不再能够保有国会的支持，权力就会转移到独立选举产生的总统手中，在下次大选到来之前总统可以通过颁布政令来治理国家。无论如何，一旦下次大选来临，萨托利规划的体制就又回归了议会制——只要总统能够获得国会多数的支持，总统就只能处于备而不用的位置。萨托利称其方案为"候补型总统制"（alternating presidentialism）。SARTORI, *supra* note 62, at 153; see *id.* at 153 - 60, 165 - 69. "只要议会制没有失灵，就可以继续存在。但如果它无法达到既定标准，议会制的引擎就会被关闭，而代之以总统制的引擎。" *Id.* at 153.

尽管"候补型总统制"在独创性方面拿了高分，但对我来说它仍然是个馊主意。很简单，对独立选举产生的总统来说，有压倒性的激励来破坏国会对于总理的支持，这样总统就能攫取大权。萨托利希望通过以下规定来降低以上的危险性，他禁止总统在议员们投票推翻总理后对议员酬以内阁的官位。*Id.* at 157. 但还有很多种不那么直接的方式，可以回馈摒弃议会制政府的议员。

更严重的是，一旦萨托利规划的总统取得大权，她（他）确知自己要在下次大选中将权力归还给总理。这一回归议会制的前景，让总统有动机去攻击既有的宪法制度，以达到恋栈不去的目的。进一步说，萨托利对其设计的总统赋予了广泛的法令发布权，这为其长期垄断权力提供了可能性，因为这使得总统可以通过蛊惑人心的方式争取人民的支持，竭力将体制转变为纯粹的总统制。

萨托利意识到议会制下的内阁不稳定是一个问题，这是对的。不过，其实有很多种建设性的方案来解决这一不稳定的问题。其中包括"建设性不信任投票制度"，以及政党必须达到一定的选民支持比例门槛方可进入国会的制度。See *supra* pp. 654 - 55.

个有能力组织良善政府的刚性政党（有原则的政党）上。议会制政府的最大好处是它对领袖及其追随者都提供了激励，使其朝后一种方向推进。

在公共空间被倾向于个人崇拜的媒体所霸占的情况下，这一点显得格外重要。与枯燥的关于政党原则的讨论相比较，政治领袖戏剧性的画面在电视里更有吸引力。结果是，连议会制下的选战也越来越强调领袖的人格特质，由此也就牺牲了党的原则。[65]尽管如此，议会制的激励体系仍然会减缓这一趋势，而美国式的体制则会加剧这一趋势。

B. 有限议会制

温和地说，分权制下的政府看起来不是很有吸引力。它不仅被不必要的治理能力危机所拖累，而且即使在全权时期也依然充满了危险：注重象征多于实质，偏好长期法条主义多于中期效率。更糟糕的是，分权主义彻底封杀了关于比例代表制的严肃讨论，而该选制改革本身具有很多独特的优势。分权制要求公民将他们的激情寄托于单一领袖的人格魅力，而不是那些将主宰我们所有人的原则之上。

以上推论让我陷入窘境，因为我并不倾向于放弃基本的政治理念，该理念拒斥纯粹的议会制政府。正如我在其他地方长篇大论过

---

〔65〕 See, *e. g.*, FREEDMAN, *supra* note 54, at 99. （"选举的个人化已经四处蔓延：1987 年工党竞选宣言的封面放了其领袖尼尔·金诺克的照片，而保守党也紧跟着在其 1992 年的宣言封面上放了约翰·梅杰的照片。"）

的，威斯敏斯特模式乃是建立在对现代公民及其政府关系的误解之上。不管雅典时代的真实情况如何，与在论坛（哪怕是网络论坛）上讨论公共事务相比较，现代公民通常有更好的选择来打发他们的时光。[66]

这并不意味着我支持关于人类本质的经济学假设，该假设将人类行为归结于追求狭隘的个人利益。我们所有人都保有如下能力，即认真地追问什么是对我们国家有利的，而不是仅对我们个人有利；而且有时候，我们会把大量的精力投入到复杂的自我认同的公民层面。但这仅仅是有时候。在更多的情况下，我们满足于与共和国保持若即若离的关系，对那些急于宣称以我们的名义治理国家的职业政客心怀疑虑。那么，我们是否就无法认定，每次的胜选标志着人民对于获胜政党或政党联盟的主要政策进行了普遍而深远的授权。威斯敏斯特体制将这一误解熔铸到宪法之中，它赋予胜选方绝对的立法权，而不考虑其胜选的相对质量。

为了避免这一谬误，现代宪法应当有一个二元的结构，以便在民主运作中区分两种不同的立法轨道。高级法的轨道是特别为很少发生的情况而设的，以确定政治运动在具有核心政治重要性的问题上，获得动员起来的绝对多数的授权。与之相对，日常立法的轨道则是用来处理更经常发生的情况，在这种情况下人民并没有作出重大的授权。

可是这会带来一个问题：美式的权力分立是否为区分这两种轨道

---

〔66〕 See BRUCE ACKERMAN, THE FUTURE OF LIBERAL REVOLUTION 5 – 24 (1992); ACKERMAN, FOUNDATIONS, *supra* note 15, at 236 – 40, 308 – 14.

提供了一个理想的体制？无可否认，美式分权制的确可行——以一种粗糙、现成的方式——区分了僵局时期和全权时期。可是，难道没有更好的方式来确定真正意义上大众参与的时刻？在这个时候被动员起来的人民的多数会认真地试图阐明政治合法性的基本原则。让我们考察一下有限议会制的模式是如何可以作为一种替代方案。在该体制下，日常的立法授权集中于威斯敏斯特式的国会。但是，立法输出受到实质性政治原则的限制，而这些原则的合法性来源于构建不同的宪法材料的高级立法程序。

1. 找回人民

我认为，最重要的构成要素是公民投票（公民复决）。我希望以相对与众不同的方式运用这一方式，我们已经从不时发生的对这一技术糟糕体验上得到教训。由于太频繁地被两种不同的方式所滥用，因此公民投票的名声不佳。一方面，蛊惑人心的政客利用公民投票来合法化其在危机时刻攫取的权威，让其反对者无法及时组织起来应对其"诉诸人民"的行动。[67] 另一方面，该设置也因过度使用和常态化而败坏了名声——以加利福尼亚为例，在每个选举日，选民都被大量复杂的公投议案所困扰。由于公民很难有时间或动力弄清楚这些公投议案的内涵，故公投结果常常被误导性的广告战以及有能力动员的少数

---

　　〔67〕　拿破仑创造了这一技术，之后它被无数独裁者所利用。See Vernon Bogdanor, *Western Europe*, in REFERENDUMSAROUND THE WORLD: THE GROWING USE OF DIRECT DEMOCRACY 24, 36, 48 (David Butler & Austin Ranney eds., 1994); David Butler & Austin Ranney, *Practice*, in REFERENDUMS AROUND THE WORLD, *supra*, at 1, 6.

真心拥护者的特殊利益集团所操纵。[68]

在这两极之间其实有一条中间道路。[69]应当提高将议案交付公民投票的难度——或许宪法应当禁止任何国会在其任期内提出一个以上的公投议案，又或者宪法应当设置一个超级多数的门槛。[70]同样重要的还有，公投议案的命运应当被一系列小心区隔的投票结果所决定。

以上多次投票的要求至关重要。[71]最显而易见的是，它可以抑制

---

〔68〕 关于选民的困惑，参见 THOMAS E. CRONIN, DIRECT DEMOCRACY: THE POLITICS OF INITIATIVE, REFERENDUM, AND RECALL 70 – 74 (1989), Julian N. Eule, *Judicial Review of Direct Democracy*, 99 YALE L. J. 1503, 1517 – 18 (1990), and David B. Magleby, *Let the Voters Decide?: An Assessment of the Initiative and Referendum Process*, 66 U. COLO. L. REV. 13, 38 – 39 (1995).

关于特殊利益团体的影响，参见 SAMUEL ISSACHAROFF, PAMELA S. KARLAN & RICHARD H. PILDES, THE LAW OF DEMOCRACY: LEGAL STRUCTURE OF THE POLITICAL PROCESS 676 (1998), and Elizabeth Garrett, *Who Directs Direct Democracy?*, 4 U. CHI. L. SCH. ROUNDTABLE 17, 21 – 23 (1997). But see DAVID D. SCHMIDT, CITIZEN LAWMAKERS: THE BALLOT INITIATIVE REVOLUTION 37 (1989).

关于加利福尼亚的经验，参见 *California Constitutional Symposium*, 17 HASTINGS CONST. L. Q. 1 (1989), and *Symposium on the California Initiative Process*, 31 LOY. L. A. L. REV. 1161 (1998).

〔69〕 关于现代条件下的直接民主，有一个特别的深思熟虑的辩护，IANBUDGE, THE NEW CHALLENGE OF DIRECT DEMOCRACY 84 – 132 (1996).

〔70〕 有不少州限制在一次选举中可被提交复决的修正案的数量；绝大多数州都要么要求立法机关以超级多数通过公投议案，要么要求议案在交付公投前必须经过连续两届议会的批准。关于各州宪法规制修正案的规定的概览，参见 COUNCIL OF STATE GOVERNMENTS, 32 THE BOOK OF THE STATES 5 – 6 tbl. 1. 2 (1998 – 1999).

〔71〕 研究公民投票程序的学者常常将多阶段公投作为公投改革的内容之一，但他们并没有特别仔细地探究这一观点。See, *e. g.*, CRONIN, *supra* note 68, at 193; David Kehler & Robert M. Stern, *Initiatives in the 1980s and 1990*, in COUNCIL OF STATE GOVERNMENTS, 30 THE BOOK OF THE STATES 279, 287 – 88 (1994 – 1995); Arne R. Leonard, *In Search of the Deliberative Initiative: A Proposal for a New Method of Constitutional Change*, 69 TEMP. L. REV. 1203, 1223 (1996). 在进步主义时期，改革者常常提议，在将议案提交公民投票前应由继任的国会予以批准。See JOHN R. VILE, THE CONSTITUTIONAL AMENDING PROCESS IN AMERICAN POLITICAL THOUGHT 137 – 56 (1992). 该观点的根源至少可追溯到 19 世纪晚期。See NATHAN CREE, DIRECT LEGISLATION BY THE PEOPLE 102 (1892).

执政联盟利用公民投票以获取短期收益的诱惑。一个利用反对党短期弱点的议题在两年、四年甚至六年之后提交公民投票时，可能变成现任执政联盟的政治灾难。

多阶段的公民投票，同样能够阻止议案起草者利用公众的无知，以及设计复杂的公决议案条款来偷偷地塞入代表特殊利益的内容。尽管其漏洞在一次短暂的投票中可能无法被察觉，但是在漫长的岁月里，这些漏洞就很有可能被发现并且被反对者公之于众；这将导致议案的最终失败，并且由此使某个特定议会无法在国家的高级法上打上其特定的烙印。简而言之，多阶段投票的要求对于议案起草工作所产生的效果类似于约翰·罗尔斯在其《正义论》中提出的"无知之幕"，它有助于政治人物放弃短期利益、转而提出持久的政治原则。如此，公众才可能将其作为持续实践的自我决定的一部分而接受它。

宪法应当接受肯定行动／平权法案（affirmative action），以备在议案提交给大众考察时，提高其审议质量。它应当确保争议双方都有充足的资金证明己方的观点，以实现广泛的讨论。[72]如果一个议案能够

内华达州适用了修正案的连续复决程序。当州宪法修正案是通过公投议案提出时，内华达州宪法要求选民必须在连续的两次大选中复决该议案。See COUNCIL OF STATE GOV-ERNMENTS, 30 THE BOOK OF THE STATES 23 tbl. 1. 3 (1994 – 1995). 如上所述，尽管对于州议会提出的宪法修正案的批准，现在没有任何州要求需要选民连续复决（see id.），但有的州宪法要求立法机关的州宪修正案在提交公民复决之前，必须经由不只一届立法机关的连续通过，see id, at 21 tbl. 1. 2；Bogdanor, supra note 67, at 24, 28；id. at 29（这部分讨论瑞典宪法的修正程序）。

〔72〕 詹姆斯·费什金提出一种对于"审慎的民意调查"的创造性的运用。他建议随机挑选的公民样本，将他们聚在一处一段时间并有组织地展开对公共争议问题的辩论，之后再由他们对以上问题作出慎思明辨之后的判断。JAMES S. FISHKIN, DEMOCRACYAND DELIBERATION: NEW DIRECTIONS FOR DEMOCRATIC REFORM 81 – 104 (1991)；JAMES S.

在普遍的范围内得到一次又一次的通过，它的成功就是最好的证明：其通过不是凭借政治策略的侥幸，而是已经**赢得**了被动员起来的审慎多数的支持。[73]

不管连续公投的要求有多么严格，吹毛求疵者总是有可能会指出其中不尽完善之处，因为民众容易受到不择手段的蛊惑的吸引，而富人们狡猾的阴谋则隐于幕后。但我们是在处理真实的世界，而非举办一场哲学讨论会。将彻底理想化的对话预设为高级立法的前提，这只会破坏关键的宪法目标，即发现最佳的可行方式，把极少数基本的原则——这些原则是由真正广泛且被充分动员之后的民意支持的结果——与由现代立法机关在政府日常时段所作出的数不清的决定区别开来。

本书并不打算探讨创建一个可靠的公民投票系统所涉及的大量关键性设计问题。[74]就当前而言，更重要的是指明前进的道路。与其将立法权划分给众议院、参议院与总统，不如尝试将立法权划分给国会与人民：前者管理政府日常决定，后者通过精心建构的分阶段公投程序来表达其意志。

FISHKIN, THE VOICE OF THE PEOPLE: PUBLIC OPINION AND DEMOCRACY 161 – 76 (1995). 费什金的方案在当前环境下很有前景。公投议案的提出者与反对者应当有机会在随机选出的美国公民小组前辩论其优缺点；而公民小组的问题与最终决定应在大众媒体中广泛报道。如果能够精心组织，一个持续的、成系列的民意调查将极大地提高审议的质量与公民投票程序的最终结果的全面正当性。

〔73〕 我曾深入讨论了分阶段公投的设想，并将其与美国既有的宪法修改实践相对照，参见 ACKERMAN, TRANSFORMATIONS, *supra* note 15, at 403 – 14.

〔74〕 然而，更多的这类讨论将引导我们思考如何将公民投票系统与联邦共和国的独特需要相调试。See *infra* pp. 672 – 77.

2. 用法院来制衡

原初的分权产生了新的分权。我们需要一个宪法法院将人民批准的原则转化为可以运作的现实。[75] 如果没有司法审查制度，执政的国会多数就有极大的动力，在方便时就会对人民主权造就的前法置之不理。对于人民能够调动他们的政府代表，并且期待这些代表服从其命令的现实可能性而言，这样的结果无疑是讽刺。唯有一个强大的宪法法院，方能达成这一功能。

创设这样一个法院乃是一个微妙的事情。问题部分源自于文化：律师和法官能否认真对待法律解释的程序？屈从于秘密警察和独裁的政治精英长达数十年，他们的意志是否已经由此完全消沉？在作为一个整体的文化中，法治扮演着什么样的角色？

问题的另一个部分涉及宪法工程学（制宪技术）。法院的强势与否与法官任命方式及其任期密切相关。德国与日本的比较非常有参考价值。德国基本法要求所有宪法法院法官的提名必须在国会获得 2/3 多数的同意，由此给予了重要的少数党以提名否决权。[76] 这意味着执政联盟无法使党派亲信充斥于宪法法院，指望其能够维系现任总理的

---

〔75〕 有两种方式将司法审查融合到治理的安排之中。美国将这种功能赋予所有的法院，其中最高法院位于金字塔的顶端。与之相对照，例如法国、德国等国家则将权力赋予单一的法庭，由其垄断宣告立法无效的权力，又如法国宪法委员会或德国联邦宪法法院。本书并不打算评估这两种方式相对的优劣成败。

〔76〕 一半法官由联邦议院任命，另一半由参议院任命，但是两院的任命都必须达到 2/3 的多数支持。See David S. Clark, *The Selection and Accountability of Judges in West Germany: Impkmentation of a Rechtsstaat*, 61S. CAL. L. REV. 1797, 1827 – 28 (1988). 关于在不同政党间分配德国宪法法院席次时的政治介入，有如下睿智探讨，参见 BRUN-OTTO BRYDE, VER-FASSUNGS-ENTWICKLUNC 148 – 52 (1982).

所有动议。否决权武装下的少数党，由此在事实上获得了提名相当数量的法官的权力。德国的否决规则也影响了法官的人格特色。不管是多数党还是少数党，如果提名了一个臭名昭著的政党打手，就可预期另一方会动用任命否决权。这就有制度上的刺激，使之倾向于选择拥有公正和相对克制之名的法官。宪法法院法官的固定任期长达 12 年，但不得连任，这有利于确保坚定的司法独立。[77]基于以上制度安排，德国宪法法院能在过去半个多世纪里为德国民主进步作出深远的贡献也不足为奇。[78]

与德国相较，日本没有超级多数的规则来限制执政党行使最高法院成员的任命权。另外，不管大法官被任命时的年龄如何，他们都被强制在 70 岁退休。这些规则的并用，为执政的自民党提供了一个简单的办法来选择那些不会破坏现状的人担任大法官：选择那些处于职业生涯最后阶段的男男女女，通常那时他们已经六十岁出头。这让执政党能够相当确定地识别那些潜在的现状破坏者，并避免任命他们。大法官到最高法院履职后，在他完全建立起对其新角色的自信之前，强制退休年龄制度就要让他离任了。考虑到这种任命与任期的设计，日本最高法院的相对消极也就理所当然了。[79]

---

〔77〕 See Clark, *supra* note 76, at 1827.

〔78〕 关于支持德国成功的一些文化因素的讨论，参见 Bruce Ackerman, *The Rise of World Constitutionalism*, 83 VA. L. REV. 771, 779–80 (1997).

〔79〕 See J. Mark Ramseyer & Eric B. Rasmusen, Why Are Japanese Judges So Conservative in Politically Charged Cases? 3 (June 30, 1999) (unpublished manuscript, on file with the author).

这些关键问题值得更多的关注。[80] 但是就本文的目的而言，更重要的是强调从这些反映中浮现出来的更大的分权主义的图景。如果我们基于其独特的权力、其成员独特的选任原则来界定立法机关，我们就能得出一个新的三位一体的模式：国会、人民加上法院。

3. 从理论到实践

目前，该方案在多大程度上已被采行？

让我们审视那些最具影响力的宪法典范，第一块基石——国会——其最好的代表是英国、德国而非美国、法国。而德国则在接纳有限议会制的模式上走得更远。简而言之，[81] 现代德国的体制将普遍立法权授予赢得联邦议院多数支持的强势总理，但强有力的宪法法院的裁决限制了这一立法权。

在德国图景下缺失的制度设计元素是公民投票，自从纳粹覆灭以来，德国人对公投如同瘟疫般唯恐避之不及。其他效仿德国模式的国家则没有那么害怕人民。现代西班牙宪法就是一个典型的例子。它大体上仿行德国的模式，同时将区别使用的公民投票制度嵌入整个宪法

---

〔80〕 对于将宪法法院置于比较政治学更广阔的框架之下来研究，政治学家的兴趣越来越浓。See John R. Schmidhauser, *Alternative Conceptual Framework in Comparative Cross-National Legal and Judicial Research*, in COMPARATIVE JUDICIAL SYSTEMS 34 （John R. Schmidhauser ed., 1987）；Martin Shapiro & Alec Stone, *The New Constitutional Politics of Europe*, 26 COMP. POL. STUD. 397, 404 – 14 (1994). 关于该主题有一个精致的研究方式，是尝试结合司法独立含义的概念分析、对其可欲性的规范评估，以及对被用于实现这种或那种独立的结构性机制的实证评估。我还不知道目前有哪个研究是真正承担了上述多面向的工作。

〔81〕 我将在本书后面的部分讨论德国联邦参议院的运作。See *infra* p. 682.

体系之中。[82]

瑞士在公民投票的实践上有大量的经验。其中，特别引人注目的是他们对于分阶段公投原则的采行。瑞士宪法规定，对于重大的或者高度争议性的议题，必须进行两次分开的投票。[83]瑞士是一个非常特别的地方，它有着独一无二的民主文化与传统。正如本书反对急于推广美国模式，我对瑞士的经验也同样建议小心对待。无论如何，瑞士对于分阶段公投的采纳，仍然启发我们在更宽广的视野下去思考该理念。

C. "一个半"议院的方案

为了以简单的形式引入政治合法性的问题，我在变量中删除了一

---

[82] 西班牙的模式接近分阶段公投：一个对于宪法做出全盘修改或部分修改宪法的内容，若涉及基本问题的议案"必须由国会两院分别以 2/3 多数通过两次，两次通过中间必须经过一次国会大选"。SPAIN CONST. art. 168 [3]. "当议案第二次在国会两院通过后，修正案被提交公民投票。" Bogdanor, *supra* note 67, at 28 (explaining Article 168 [3]). 因此，选民被要求对于修正案表达两次意见：第一次是通过国会大选的投票，第二次是通过公民的投票。尽管从我的角度看这样的分阶段公投还是太精简了，但其中的基本原则依然足够清楚。

瑞典的宪法修改程序中也包含一点儿分阶段公投的意涵：

1988 年的一个宪法修正案——政府组织法第 8 章第 15 条——规定，任何宪法的修改必须被两届瑞典国会（中间间隔一次大选）先后通过。大选必须距一院制的国会第一次通过该修正案不少于 9 个月。

Id. at 29.

[83] 一个整体修改宪法的动议首先要通过全民多数的同意；之后再选举产生制宪委员会；制宪委员会的提案必须经过"双重多数"的批准（包括选民的多数与州的多数）。1885 年和 1935 年两次适用以上程序的经验证明，这一为全面制宪所设置的程序障碍相当难以跨越。

如果由通用语言拟定的部分修改宪法的议案在立法机关未能通过，就可能会启动分阶段公投。在这种情况下，议案必须首先在第一次公民投票中以全体投票者的简单多数通过，接下来在第二轮公民投票中以"双重多数"通过。See Kris W. Kobach, *Switzerland*, in REFERENDUMS AROUND THE WORLD, *supra* note 67, at 98, 103–4.

个复杂的因素——联邦制。从历史角度讲，我将联邦制略而不谈看起来像是个严重的错误。在全世界范围内，联邦制三番五次地被证实是实施分权制的潜在动力。当一群比较小的政府聚在一起组成一个联邦同盟时，以上动态机制就会再现，如同 1787 年的美国联盟、1949 年的德国联邦共和国，以及今天的欧盟。只要这些邦（国）的领导人牵涉其中，**他们**就是新联盟的真正缔造者。由此，他们也意识到将他们的观念融入新兴的宪法之中乃是"理所当然"，包括将立法权分为至少两个部分：由参议院代表组成联盟的各邦，与普选产生的众议院分享立法权这一基本职权。

以上建国方案被不停地重现，这让人不禁猜测，联邦层级的分权制与地方层面的各邦的活力可能真的密切相关。但事实真是这样吗？

恐怕不是。首先，很容易找到如下例子，即在中央并没有一个强有力的代表邦的议院，但其联邦制却运作得相当好。加拿大和印度都是这种情况。[84]这种宪法架构带来了另一种完全不同的建国方案。它们的创制并非"自下而上"，由现有的邦来决定未来联邦的方向。其架构的演化乃是"自上而下"，由确信威斯敏斯特模式合理的优越性

---

〔84〕 See SARTORI, *supra* note 39, at 183 – 88. 加拿大国会的第二院（参议院）的成员由各省的省长指派（其名额分配必须在各省之间保持平衡），它只有顾问性的权力。See CONSTITUTIONS OF THE WORLD 37, 40 (Robert L. Maddex ed., 199s). 印度的第二院即联邦院（the Council of States）则不能有效地阻挠财政方面的法案。See INDIA CONST. art. 109, in 8 CONSTITUTIONS OF THE COUNTRIES OF THE WORLD 53 – 54 (Gisbert Flanz ed., 1997). 尽管联邦院可以让其他法案在 6 个月内延迟通过，如果国会两院持续对峙，则可能导致总统召开两院联合会议以解决这一问题，由于国会的人民院有 550 位议员可参与投票，与之相较联邦院仅有 250 名成员，无疑人民院将在联合会议中扮演重要得多的角色。See *id.* art. 108, at 53 – 54.

的制宪者施加给各邦。从这个角度我们可以说，对魁北克而言要真正贯彻联邦主义，关键在于确保魁北克人自己的众议院不同于渥太华的联邦国会。在涉及联邦的政治事务方面，魁北克人要想最大限度的实现其利益，就必须明智地选派其在联邦众议院所分配到的合理名额的代表；尽管加拿大也设有参议院，但其权力非常有限。一味追求刚性的两院制模式，其结果反而可能稀释了议会制政府的价值。[85]

两种截然不同的建国方案的并存，这具有很大的警示意义。尽管当下（至少在美国人当中）对于美国建国者们的崇拜依然强烈，但我们应当意识到无论建国者有（或没有）多么睿智与热心公益，他们都必须面对不可避免会影响其见识的系统性问题。对任何讲求实际的建国者来说，制定出一部能够有效运作以实现其基本价值的宪法，这绝对是不够的。如果不能被其他在建国之时同样重要的人物所接受，一部可行的宪法也毫无价值。这可以被归纳为一句格言：可接受性比可行性更重要（acceptability trumps workability）。即使对一件好事来说也是如此，至少在相当大的限度内，对一部宪法而言有相当多的人觉得它

---

〔85〕　对此问题有一本非常有用的介绍性著作，参见 Douglas V. Verney, *Federalism, Federative Systems, and Federations: The United States, Canada, and India*, 25 PUBLIUS 81, 81–95 (1995). 尽管我不赞成瓦尼教授的预设，他把美国模式作为"真正联邦制"的典范。

　　如下印度顶尖的论文描述了印度和加拿大建国"自上而下"的形式：

　　　　加拿大联邦并非由独立的各省所共同缔造，它们并非自己拟定宪法、走到一起而组成联邦，正如怀恩斯博士指出的，因为"……加拿大传统的省，如新斯科舍省、新不伦瑞克省被以加拿大之名合并为一个行政区，之后再被重新划分成几个新的省"。我们的宪法同样规划了一些新的邦，而它们源自之前由土邦合并而成的印度的省，并且没有一个既存的邦拥有它们自己的邦宪法。

　　H. M. SEERVAI, 1 CONSTITUTIONAL LAW OF INDIA 288 (4th ed. 1991)（此处省略了引文中的注释）。

合情合理，这远比它当真如此要重要得多。

尽管如此，学术意义上的问题依然存在。从这个角度来说，将制宪解决方案区分为建国者纯粹基于宪法通过的政治需要的部分与蕴含恒久价值的部分，这是极其重要的。我个人认为，它们大致有两个核心的区别。其一，两个或三个立法机关的设置，是否源于联邦制与分权制结合的刺激？例如，现代德国的立法机关由一个代表各邦的参议院与一个全国直选的联邦议院组成；美国的立法架构则包括了代表联邦各州的参议院，以及众议院与总统。其二，代表联邦各州的机构，其成员要么由地方政府直接任命，例如当代德国的参议院或美国1913年之前的参议院；要么由地方直接选举产生，如同当代日本的参议院或者1913年之后的美国参议院。

作为对传统观念的反击，我研究国会两院制在非联邦制国家的作用并得出如下结论：与联邦制下第二院的组建相较，在非联邦制下更容易建立一个强有力的第二院。

1. 选举产生的联邦参议院

我认为，一个拥有实权的参议院的设立其代价便是一个独立的实权总统的创设。而这样一个总统职位的存在，事实上威胁到联邦制的核心价值，也即最初设立参议院的动因之所在。因此，对于忠实的联邦主义信徒来说，最明智的选项是一个有限议会制的修正版本：在该体制下国会由众议院作主，再辅之以一个相对较弱的代表联邦主义的参议院；而联邦制的价值被嵌入批准高级法的公民投票程序中，议案必须同时获得联邦各州与作为整体的联邦的法定超级多数的通过。

让我们一步一个脚印地论证这个问题：为什么认为总统制是实权的联邦制参议院的代价是合理的？我们可以思考如下选项：我们假设有一个完美对称的体制，该体制排除了实权总统，将完全相同的权力赋予选举产生的国会两院；这两院的唯一差别在于参议员是以州为选区产生的，而众议员是在全国范围内（而不考虑州别）选举产生的。假设在该体制下并不存在一个独立的总统来领导整个行政分支。因为国会两院有平等的权力来组织基于民主支持的内阁，如果两院的多数党不是同一个政党，那该怎么办？

同时组织两个内阁可绝不意味着能够带来双倍的好处。一个完美对称的结构将引发与众不同的合法性危机而威胁议会制本身。正如我们所看到的，该体制本来是旨在基于民选产生的国会议员多数的支持而选择一个稳定的政府。但是如果国会两院拥有同等的权力，对称的宪法就必然会产生合法性的僵局，这时，在竞争的两院的敌对的政党就会以人民之名，要求组织政府的对等权力。

一个澳大利亚的案例给我们提了个醒。该国的宪法奇妙地混合了英国元素与美国元素。[86]澳大利亚没有独立选举产生的总统，但是其国会设有两个实权的议院：众议院和参议院在立法程序中几乎是对等的合伙人。从技术上讲，宪法架构并非是完美对称的，因为宪法为总

---

[86] 关于相关宪法背景的综述，参见 Joan Rydon, *Some Problems of Combining the British and American Elements in the Australian Constitution*, 23 J. COMMONWEALTH& COMP. POL. 67 (1985).

理提供了笨重的权力，令其有可能最终推翻参议院的反对。[87]但是，这个宪法工具并不足以让高夫·惠特拉姆总理躲过 1975 年那场我们应引以为戒的宪法危机。[88]

惠特拉姆在 1972 年的初次胜选，标志着工党在野长达四分之一个世纪后再次掌权。18 个月后，由于保守派对其领导的左派的立法计划的阻挠，惠特拉姆解散了国会两院并宣布改选。改选结果是，工党保住了下院的多数，但在联邦参议院则是左派与右派势均力敌，[89]这让那些更保守的小省获得了不成比例的投票权。[90]由于工党的参议员有一名死亡以及另一名辞职，所以反对党自由党和乡村党联盟在上院居于优势地位。[91]尽管其在众议院大选中输给了惠特拉姆，反对党在

---

〔87〕 根据宪法，总理可通过召集两院联席会议推翻参议院的反对。因为澳大利亚众议院的人数是参议院的两倍（AUSTL. CONST. ch. 1，§24），国会两院的每个议员只能投一票，总理在众议院拥有的多数票通常都能压过小小的参议院。可是，这种推翻参议院反对的做法，必须在总督解散两院并宣布改选之后，这在 1975 年确实发生过一次。See *id.* art. 57（该条详尽规定了相关程序）。

〔88〕 See LABOR AND THE CONSTITUTION：1972 – 1975（Gareth Evans ed. , 1977）（该书针对这次多层面的宪法危机，选编了多篇文章）；GEOFFREY SAWER, FEDERATION UNDER STRAIN：AUSTRALIA 1972 – 1915, at 8 – 24（1977）.

〔89〕 工党与反对党自由党和乡村党联盟各赢得 29 个席次，另外 2 个席次由独立参选人获得。See Gareth Evans, *Chronology of Constitutionally Significant Events 1972 – 1975*, in LABOR AND THE CONSTITUTION, *supra* note 88, app. B at 350.

〔90〕 See Gareth Evans, *The Senate's Rights Can Be Wrong*, *reprinted in* AUSTRALIAN POLITICS：A FOURTH READER 544, 544（Henry Mayer & Helen Nelson eds. , 1976）（"在参议员的选举中，各州选举人的规模差距极大。昆士兰州的每张选票的价值相当于维多利亚州或新南威尔士州的 2 倍，西澳大利亚州的每张选票的价值则接近它们的 4 倍，塔斯马尼亚州的达到约十倍。"）

〔91〕 根据澳大利亚宪法，参议院临时产生的空缺由相关州的议会来任命，而无需举行一次临时性选举。See AUSTL. CONST. ch. 1，§15. 由于反对党自由党乡村党联盟控制了相关的州议会，故他们为参议院指定了来自本党的继任者，这打破了以往长期奉行的惯例，即当参议院临时出缺时应由出缺参议员本党的候选人来补缺。See P. J. Hanks, *Parliamentarians and the Electorate*, in LABORAND THE CONSTITUTION, *supva* note 88, at 166, 183 – 90.

参议院却绝不让步，他们拒绝批准任何拨款法案，除非工党同意再次举行改选。

惠特拉姆不肯认输，可是澳大利亚宪法关于推翻参议院决议的规定太过繁复，使得总理很难让必需的拨款法案在参议院通过，以便为政府的运作提供资金支持。就这一点而言，对称的问题就变得很微妙了。传统上，澳大利亚内阁是基于国会众议院的多数而执政，但在要求改选的问题上，参议院却攫取了这一总理的最主要的特权。然而该问题是以英国式的不成文宪法来规范的，这导致其结论是开放性的（而非确定性的）。[92] 即使政府停摆，参议院依然拒不服从：它是否太过自命为澳大利亚选民的代表了？

要解决这个危机只有通过女王在澳大利亚的代理人——总督约翰·科尔爵士——的介入了。尽管其权威存在宪法上的疑问，但科尔打破这一僵局的方式是罢免了惠特拉姆，同时解散国会两院并宣布改选，这在政治上极具轰动性。[93] 科尔滥用皇家特权造成冲击波，导致在澳大利亚形成高涨的呼声，最终要求与女王斩断联

---

〔92〕 以下论著很好地展示了引发这一宪法困境的历史背景，参见 Colin Howard & Cheryl Saunders, *The Blocking of the Budget and Dismissal of the Government*, in LABOR AND THE CONSTITUTION, *supva* note 88, at 251, 251 – 70. 霍华德和桑德斯解释说，澳大利亚宪法的制定者明确意识到这一合法性平局的问题，see *id.* at 256 – 61, 但是他们决定把这一问题留给"概率以及成文宪法之外的宪法发展"，*id.* at 259.

〔93〕 See *id.* at 270 – 87. 对于与该事件截然相反的观点，参见 R. J. Ellicott, *Commentaries*, in LABOR AND THE CONSTITUTION, *supra* note 88, at 288, 288 – 96. For Ellicott's role in the con-stitutional crisis, see PAUL KELLY, NOVEMBER 1975: THE INSIDE STORY OF AUSTRALIA'S GREATEST POLITICAL CRISIS 145 – 51, 318 – 21 (1995).

系、创建一个独立的共和国。[94]但是对于笔者的写作目的来说，澳大利亚的案例将我论证的第一点戏剧化了：一个两院制的宪法，如果没有设立独立的总统权，就无法解决由联邦制造成的可以预见的合法性平局。

澳大利亚的案例教训深刻，但宪法的设计者通常能够深谋远虑地预见到并解决合法性平局带来的问题。[95]既然宪法要设计两院制的国会运作方式，制宪者就通常不会给予两院完全相等的权力。在组织政府方面，联邦制参议院的权力必定低于众议院。参议院议员可以在一些事务上阻挠或者挫败对手，但他们并没有罢免总理或内阁的权力，也不能过分地破坏政府的规划。

只要联邦制的参议员能够圆融而巧妙地行使其职权，第二院将能以重要且恒久的方式服务于联邦制的价值。但我们不要对这样的可能性过分信以为真。如果这种两院制的宪法运作良好，政治领袖们就不会乐于竞选代表联邦各邦的参议院席位，因为全国的注意力将集中于代表整个联合体的众议院。这样一个由退居二线的政治家与鱼龙混杂的二流人物组成的议院，完全没有必要的民意合法性来发动对于重要政府议案的持续攻击，哪怕它们威胁到联邦制的特权。我称之为"一

---

〔94〕 See JOHN HIRST, A REPUBLICAN MANIFESTO 64 (1994)；KELLY, *supra* note 93, at 312 – 17.

〔95〕 据利普哈特教授统计，截止到 1996 年，在 19 年的时间里有 36 个国家维持着民主的状态。See LIJPHART, *supra* note 37, at 49. 其中，有 4 个国家设置了完全对称的国会两院。See *id.* at 205. 这 4 个国家中，哥伦比亚和美国实行总统制。在本书中，我主要讨论另外两个国家——意大利和瑞士。

个半国会的解决方案"。[96]

我们由此进入我论证的第二个阶段。如果联邦主义者不满足于一个半国会的方案，坚持要一个真正大权在握的独立的参议院，他们就必须准备同时接受其他的制度安排——一个拥有实权的独立总统职位。从功能性的层面来说，创设第三个政府分支解决了在组织内阁时的合法性平局的问题。这样，对于两院赋予平等的权力也不会造成太大的麻烦，因为两院都无法查收行政分支的选举。由此，宪法的设计者就再也不用担心过于强大的参议院会挑战众议院组织政府的权威。

因此，笃信联邦制的人士不得不面对一个艰难的价值权衡。独立行政分支为设置强势参议院创造了可能，这让他满心欢喜；但考虑到为独立的总统职位背书，他又止步不前、陷入长考。总统制的问题一目了然。大致而言，每次只能有一个人成为总统，[97]对于包含了多个行政区域的国家来说，这种"赢者全拿"的特色预计会产生困窘的局

---

〔96〕 在更精细的分析中，辨识处于附属地位且不同种类的议院被授予的或被保留的权力，也是很重要的。例如，较弱的议院可能被授予适度的权力，以延迟主导议院通过的议案；或者它也可能在议案的悬置否决权上被授予更大的权力，即下院若想将其议案变为法律，必须以一个超级多数推翻上院的否决。又或者如同德国的例子，see infra note Ⅲ，上院被赋予绝对的权力以否决某些限制类的法案，主要是与各邦利益高度相关的。See GEORGE TSEBELIS & JEANNETTE MONEY, BICAMERALISM 48 - 52 tbl. 2. 1 (1997)（该书描述了不同国家的国会如何消弭在法案上的分歧）。

即使是非常弱的、仅仅拥有议案拖延权的议院，也并非毫无权力。相反，正如泽比利斯和莫尼的研究所展示的，延迟法案通过的权力也可能至关重要。See id. at 98 - 105, 127 - 44. 事实上，甚至看起来次要的问题，例如解决两院异议的程序架构，也应当如同具有高度宪法重要性的事务一般被审慎处理。See id. at 110 - 18, 176 - 208. 由于本书志不在此，对于如此重要的问题也只好以一个脚注草草带过。

〔97〕 关于此规则，瑞士是一个例外。See infra pp. 678 - 80.

面。最显而易见的是，胜选者的政治生活在此前往往局限于某一特定区域，其未来的执政难免会受到其下属的影响，而这些下属乃是通过毕生追随胜选者从事政治事务而赢得其信任的。即使这些人来到国家的首都后会特别努力地（由地方性视角）转换为全国性视角，对于"外人"（outsiders）来说，仍然很难相信他们会以其他地域的利益为重。而且，他们可能根本没有尝试放眼全国，反倒企图利用其短短数年的总统大权，举全国之力来造福他们本地的区域。即使久而久之，历届胜选的总统们可能来自各个地方，但这种定期的掠夺仍然不是联邦制最好的选择。

与这种严酷的景象相比较，另一种类型的总统制看起来简直是田园牧歌一般祥和。在后一种情况下，总统候选人通常来自于超地域的精英团体，在政治、外交或军事领域为联邦服务了多年，他们的视野变得更为广阔。[98]尽管与一系列的地方侵蚀行为相较，一个四海为家（超越地方性）的总统要可欲得多，但这对于联邦制的价值也有一定的威胁。在本国以及海外为联邦政府服务长达数十年，总统及其下属很自然地将联邦视为独特的实体，他们会以大写的"N"打头来称呼这个国家（the Nation）。在扩张国家权力的同时，总统也增强了自身塑

---

　　[98]　这种情况发生的可能性，取决于国家机构——特别是政党——强大程度的变量，以及投票规则的结构。有一些特别聪明的方案，可参见唐纳德·霍罗威茨关于联邦制、政党结构与投票规则的不同组合的研讨。DONALD L. HOROWITZ, A DEMOCRATIC SOUTH AFRICA?: CONSTITUTIONAL ENGINEERING IN A DIVIDED SOCIETY 124 – 238 (1991), and DONALD L. HOROWITZ, ETHNIC GROUPS IN CONFLICT 563 – 652 (1985). 霍罗威茨只考虑运用联邦制和选举规则来限制种族冲突，但他的大部分论证同样也可适用于其他类型的冲突。关于选举规则的另一个非常有益的讨论，参见 DOUGLASW. RAE, THE POLITICAL CONSEQUENCES OF ELECTORALLAWS 134 – 44 (1971).

造未来的权力。因为总统（顾名思义）相对超然于地方的政治纠葛，自然没有兴趣代表地方性的利益来抑制咄咄逼人的国家主义。相反，总统会不时声称通过选举的授权，他可以运用总统权力来增进国家利益，以对抗狭隘的地方观念。

于是，对一个笃信的联邦主义者来说，独立的总统职位所提供的选择让人进退两难：要么会遭到连续的地方性的侵蚀；要么就是自命不凡地走向国家至上，而忽略了地方的独特性。如果因此不得不创设一个独立的联邦主义的实权参议院，那么代价也未免太大了（特别是当独立的总统职位作为"联邦制的成本"，与之前的成本叠加在一起时）。

或者，这样艰难权衡的局面可以被一点儿制度的想象力所改善，如果不能被彻底解决的话。至少，我们可以参考绝无仅有的瑞士解决方案。与粗心大意的设计[99]对称模式的澳大利亚的例子迥异，瑞士让它成为值得骄傲的特色："联邦参议院（代表各州的委员会）与全国选举产生的议院（国家委员会）'绝对平等'，这简直就是'神圣不可侵犯的规则'。"瑞士并没有设置一个独立选举的总统职位来解决合法性平局的问题，它选择了其他的路径。首先，瑞士拒绝了由单个人领导行政的理念，转而安排由 7 个成员（联邦委员会）集体领导；其次，在联邦委员会委员的产生问题上，他们没有采用直选的方式，而是要求每个委员都必须获得国会两院

---

〔99〕 WOLF LINDER, SWISS DEMOCRACY: POSSIBLE SOLUTIONS TO CONFLICT IN MULTICULTURALSOCIETIES 46－47 (1994).

的支持，任期固定为 4 年；最后，他们让国会两院在委员的四年任期中无法举行不信任投票："即使政府的议案被国会否定，不管是提出这一议案的委员个人，还是作为整体的联邦委员会都无需辞职。"[100]

由此产生的政制结构，不停地挑战着政治学家关于政体的概念分类。瑞士的体制看起来不够"议会制"，因为联邦委员会并不依赖于立法机关的持续支持；但是它也不像"总统制"，因为委员会既非一元的（首长制），也不是由人民直接选举产生的。[101]如果我们超越类型学，那么看到的则是一个联邦体制解决合法性平局的创造性努力：联邦委员会独立于国会，这让政府的稳定性成为可能，甚至当两院的多数党都倾向于推翻政府时也是如此；与此同时，委员会的多元化保证了不同地域的多样性，也让不同的观点得以并存；最重要的是，由于国会两院对称的权力设置，各州与国家的平等地位得以维系与表达。

当然，瑞士对于对称问题的解决方案同样带来沉重的代价。委员会的固定任期，将其从日复一日的维系国会多数支持的需要中解放出来，但是委员会的成员缺乏人民直选总统的可见度与权威。在公共意见多变、而委员会又发现自己与主导的政治趋势不协调时，问题尤其

---

〔100〕 JORG STEINER, AMICABLE AGREEMENT VERSUS MAJORITY RULE: CONFLICT RESOLUTIONIN SWITZERLAND 43（1974）.

〔101〕 See LIJPHART, *supva* note 37, at 119（"这个混合政体在两个方面像议会制、一个方面像总统制：合议制联邦委员会作为瑞士的'内阁'，乃是由国会选举产生；但七个委员有固定 4 年的任期，立法机关不能通过不信任投票使之去职"）.

严重。[102]当关注点从合法性转到效率时，行政分支多元化的特性难免会引发有为政府之拥趸的质疑。[103]

显然，瑞士处理这一难题的表现还好。[104]但是对其他大多数国家来说，解决联邦制所产生的合法性平局的瑞士方案的代价——包括一系列无穷无尽的、毫无希望的内阁，没完没了、摆来摆去的立法与行政议案——未免太大了。[105]

受制于未来宪法创造性实践的可能，我们面临艰难的选择：独立选举的总统抑或一个半国会的方案。显而易见我倾向于后者：就算是面对一个刚性的联邦制国家，也应该好好劝说它接受对于代表各邦的参议院

[102] 瑞士政党体系的高度稳定性也渐渐有所削弱。1959年，四个主要政党一致达成了一个"奇妙的方案"来分配联邦委员会的7个席位。这样，有3个政党各分得2个席位，另一个政党分得1个席位。See STEINER, *supra* note 100, at 17. 尽管该方案至今仍无法撼动，当初四个主要政党却不能再一手遮天。选民对它们的支持率从1959年的85%减少到1991年的70%。基于这一原因，最近有人开始提出："联邦委员会看似恒久的席次分配方案，已经无法代表瑞士最近的政治发展……事实上，转型的种子已经生根发芽。"Kris W. Kobach, *Switzerland*, *in* REFERENDUMSAROUND THE WORLD, *supra* note 67, at 98, 150.

[103] 以下为汉密尔顿的经典论述：

行政有能，这是我们定义一个好政府的首要特质。……决断、积极、保密、迅速，这些都是一个人办事的特性，它远胜于由一群人来处理相同事务；伴随着人数的增加，办事的质量反而依比例递减。

The Federalist No. 70, at 471 – 72 (Alexander Hamilton) (Jacob E. Cooke ed., 1961).

[104] 这其中，特别重要的是瑞士独特的政治文化。该国特别深厚的民主传统让它可以克服不少制度难题。同样，它坚强的直接民主的传统——例如频繁地使用公民投票与公民提案——从另一个角度也让它的代议政府踟蹰不前。这种犹豫并非意味着软弱，而是反映了代议机关对瑞士直接民主实践适度的尊重。关于对传统体察入微的记述，参见 BENJAMIN R. BARBER, THE DEATH OF COMMUNAL LIBERTY: A HISTORY OF FREEDOMIN A SWISS MOUNTAIN CANTON 17 2 – 20 (1974). 关于瑞士代议政府与直接民主实践的关系，如下的讨论简明扼要且极富洞察力，参见 NICHOLAS GILLETT, THE SWISS CONSTITUTION: CAN IT BE EXPORTED? 24 – 25 (1989).

[105] 正如吉勒特所写的："政党政治在有的州相当活跃，但是其在内阁，甚至一定程度上在国会中都非常克制，我们有理由质疑瑞士是如何在一党制国家与多党制国家之间寻求中道的。"GILLETT, *supra* note 104, at 24.

权力在一定意义上的严格限制，以避免由独立总统职位带来的风险。

这一妥协不会阻止宪法通过其他方式来追求联邦制的价值。首先，完全可能通过众议院选举体制的设计，给候选人及政党更强的刺激来为地方利益代言。完全可以通过将其规定于宪法文本，并授权通过司法审查予以落实，来维系联邦制的价值。

最后，一个宪政共和国还可以通过适当改进的公民投票制度来倾听人民的意见，以兑现联邦制的承诺。宪法修正案应进行分阶段公民投票，这时各州投票结果的分布也应被计算，以决定公民投票的结果。尽管一个议案在全国范围内取得压倒性的多数票，但如果它得不到大多数州的实质性支持，也无法被通过。[106]

我猜测，在不少具体的情景下，经过如上改良的有限议会制，将会比美式分权制的表现要好得多。

2. 由地方使节组成的议院（Ambassadorial Chambers）

还有另一种方式，可以让各邦参与中央政府治理的规划。宪法可以不再将联邦参议员的选举权交给选民，而是授权州政府直接任命其代表担任某个联邦机构的职位。我称其为"使节选择权"，由此，参议员便有绝对的激励，在重要议题上向本州政府的领导征求意见并服

---

〔106〕 例如，瑞士和澳大利亚宪法规定，宪法修正案公投中必须经由双重多数通过，也即州的多数与作为整体的国家的多数。See AUSTL. CONST. ch. Ⅷ，§128；SWITZ. CONST. art. 121. 瑞士宪法第121条规定，选民的多数可以强制立法机关根据概括性立法原则起草宪法修正案。一旦修正案的具体条文被提出（或者由选民、立法机关提出，或者提出一个立法的反建议），必须经由选民的多数与州的多数同意方能通过。See Alexander H. Trechsel & Hanspeter Kriesi，*Switzerland：The Referendum and Initiative as a Centerpiece of the Political System*，*in* THE REFERENDUM EXPERIENCE IN EUROPE 185，187 tbl. 12. 1（Michael Gallagher & Pier Uleri eds.，1996）.

从其指挥。如果将这一方式发展到其概念意义上的极致，宪法可以授权州政府的重要官员依其职位当然地担任联邦机构的职务。于是这些州政府的高官不再委任代表投票，而是不时地直接跑到联邦的首都，亲自代表其州政府投票。这种方式在当下已落实为实践，例如德国联邦参议院和欧盟委员会都是如此。[107]

在把投票作为民主政府正当性的核心问题的现代社会，使节式的机关可说是一个异数。事实上，它们存在的现实也证明了联邦本身地位的高度不确定性。在欧盟这一案例中，情况尤其如此。尽管欧盟通过直选产生的议会历年来也累积了不少权力，但与欧盟委员会相较，它在全面的治理安排问题上仍然居于次要的地位。[108]成员国内阁部长们在欧盟委员会直接投票的事实，也说明欧洲议会在正当性上不如那些得到他们各自国家选民授权的部长们。[109]可是一旦中央政府拥有了坚定的政治认同感，使节式的议院的存在就很可能导致似是而非的结果。表面上，这种参议院看起来能够在最大限度的范围内增进联邦主义的价值，因为一个重要州的州长能够取代联邦参议院、直接在全国性立法中表达自己的意见。但是它也可能带来反效果，破坏了州一级

---

〔107〕 See F. R. G. CONST. art. 51（1）（该条是关于联邦参议院的规定）；Treaty of Amsterdam, Oct. 2, 1997, art. 214, 37 I. L. M. 56, 123（1998）（该条事关欧盟委员会成员任命程序的规定）。

〔108〕 最近的阿姆斯特丹条约甚至可能加强了使节式的委员会在欧盟架构中的核心地位。See CHRISTOPHE CROMBEZ, THE TREATY OF AMSTERDAM AND THE CODECISION PROCEDURE 19－21（Catholic University of Leuven: Oederzoeksrapport Nr. 9827）（1998）。

〔109〕 关于该论断的持续发展，参见 Peter L. Lindseth, *Democratic Legitimacy and the Administrative Character of Supranationalism: The Example of the European Community*, 99 COLUM. L. REV. 628（1999）。

政治生活的自治。

在这方面，德国堪称一个相当具有启发性的例子。当德国在 1940 年代末起草其基本法的时候，德国中央政府未来的地位存在不确定性。不管是在国内还是在国际，都有很强的呼声要终结纳粹式的中央集权、回归在德国历史上长期存在的相当松散的联邦体制。[110] 基本法拒绝了上述要求，但是为了安抚批评的声音而创设了一个精心构思的联邦架构，其中也包括一个使节式的联邦参议院。参议院的成员并非由选民直选产生。其成员乃是各个邦政府的代理人，严格服从各邦的指令。这意味着选民在各邦的地方投票中，不能仅仅关注相互竞争的各党在邦这一级的表现。他们必须谨记在心：他们在各邦选举的投票，可能会因改变联邦参议院政党的平衡而造成国家权力平衡的转变。

无疑，德国联邦参议院在宪法上无法与民选产生的联邦议院相提并论。例如，联邦参议院在选举总理方面毫无影响，也不能否决政府的预算、陷入澳大利亚式的正当性危机。尽管如此，它仍然是一个令人敬畏的机构，有权阻挠联邦议院提起的大量议案。一旦总理的执政联盟失去了对联邦参议院的掌控，它就可能遭遇立法能力方面的严重挫折，这种情况在联邦共和国历史上发生过多次。[111]

---

〔110〕　See MERKL, *supra* note 2, at 20 – 24.

〔111〕　关于联邦议院的少数党将其在联邦参议院的优势发挥到极致的能力，其细节参见如下细致的研究，Susanne Lohmann, *Federalism and Central Bank Independence*: *The Politics of German Monetary Policy*, *1957 – 92*, 50 WORLD POL. 401, 416 – 41, 444 (1998). 洛曼发现，联邦参议院对于财政政策的否决权"会因时而变化，取决于政党（对于国会两院）控制是分裂的还是一致的"。关于联邦参议院阻挠联邦议院议案的权力范围，有一个比较新的评议，参见 Dieter Grimm, *Blockade Kann Notig Sein*, DIE ZEIT, Oct. 10, 1997, at 14.

其结果是，各邦政治的国家化。联邦的政治家与政党也就不能以相对超然的态度看待各邦的选举结果。他们把各邦的选举也作为联邦政治竞技的一部分，并试图将各邦的选举转变为对于总理及其政治动议的信任投票。选民在本邦的选举中，不再仅仅专注于其州政府的表现与承诺。他们倾向于运用其选票来对柏林传达其意见，以表达其对国家层面的执政联盟的满意程度。[112]

面对这样的结果，真正的联邦主义者难免会失望。他们整个的抱负是将巨型国家的权力下放为更加便于管理的自治单元。这一目标却被毁掉了，由于拙劣的宪法设计，选民们不再将地方选举视为让地方政府首长负责的手段，而是将其转化为全国性的政治表达方式。

吊诡的是，我们如果禁止地方官员本人直接在中央机关里担任职务，联邦主义者的价值反而能够得到更好的实现。如果设立一个联邦参议院，其组成人员就应该由各邦的选民直接选举产生。这使得选民能够通过地方选举让邦政府的官员负责，而不是在投票时不必要地为全国性的政治问题而分心。

---

[112] See Christopher J. Anderson, *Barometer Elections in Comparative Perspective*, 15 ELEC-TORAL STUD. 447, 448 (1996)（该文将德国地方选举在统计学上与英国的递补选举相提并论）; Reiner Dinkel, *Der Zusammenhang Zwischen Bundes und Landtags-wahlergebnissen*, 18 POLI-TISCHE VIERTELJAHRESSCHRIFT 348, 348 (1977)（该文否定了如下假说，即认为地方选举是"ein Resultat rein landespolitisch motivierter Entscheidungen"，我将其翻译为"影响选举结果的纯粹是地方层面的政治因素"）; Susanne Lohmann, David W. Brady & Douglas Rivers, *Party Identification, Retrospective Voting, and Moderating Elections in a Federal System: West Germany, 1961 – 1989*, 30 COMP. POL. STUD. 420, 428 (1997)（"一个持续的研究计划系统研读了地方选战的记录，发现：一个中央政府的反对党如果在邦的选举中获得足够多的胜利并由此控制了联邦参议院，就可以获得对于全国性立法的影响力。当中央政府的反对党接近掌控了联邦参议院的多数，而即将到来的地方选举将成为决定联邦参议院多数的关键之时，该议题则具有特别重大的意义。"这里省略了文中的引注）。

德国联邦参议院的例子与其说是针对我本人理论的一个强有力的反例，不如说它是类似于其他不合时宜的体现联邦制的机构，例如美国的选举人团。全国性政治的进化，已经让这类机构形式上的权力变得不那么重要了。[113] 正如大多数持必胜主义的美国学者一想到将我们的选举人团体制作为模范推行到世界各地就脸色发白，德国宪法学家在推销德国的联邦参议院制度时也会疑虑重重。我以有限议会制作为宪法思考的更佳的基础，提供一个更为中庸的联邦主义变体作为替代性方案。

3. 非联邦制下的国会两院制

我之前的讨论集中于联邦制，其原因很简单：在当今世界，联邦制在事实上是实行两院制国会的最重要的政治理由。单一制国家在一院制国会下也治理得非常好。[114] 如果我们假定说，并不需要一个第二院来代表联邦中的各个组成成员，那为什么单一民族国家最终还需要一个参议院呢？

传统上的答案足够明确——这是为了保护上层阶级。[115] 但是考虑到英国贵族院（上院）即将到来的命运，即便是阶级崇拜残存的形式，

---

〔113〕 美国选举人团与德国联邦参议院的相似性，比它表面上看起来要接近得多。正如美国建国者没有预料到全国性政党对于选举人团的影响，德国的制宪者本来以为联邦参议院无论如何都可以绝缘于全国性的政党政治。这种观点在建构现代德国时可能更有意义，因为制宪者假定联邦参议院应当是一个相对不那么重要的机构，他们主要关注的是行政效率的问题。可是，宪法法院在之后的裁决中极大地扩张了联邦参议院的立法权，由此让联邦参议院在全国性政治生活中扮演了重要的角色。See GERHARD LEHMBRUCH, PARTEIEN-WETTBEWERB IMBUNDESTAAT 66–71 (1976).

〔114〕 在利普哈特教授有关稳定的民主体制的研究中发现，"在 36 个民主体制中，有 9 个严格意义上的联邦制国家的立法机关都采行两院制；相反，在 1996 年，有 27 个严格意义上的单一制国家……一半采行一院制国会，一半采行两院制国会"。LIJPHART, *supra* note 37, at 203；see *id.* at 213–15.

〔115〕 See TSEBELIS & MONEY, *supra* note 96, at 15–43 (考虑到在联邦制之外，传统上设置第二院的理由是将其作为特权阶级的代表)。

也不再能被世人接受。在当代，正当化第二院的理论成果在一定意义上反映了智识的无助——为一个可能已经丧失了其存在理由的机构提供勉强的正当化依据。[116] 例如，有些评论者拥护两院制，因为该体制要求立法议案必须获得超级多数的支持。但是，如果超级多数的规则是可欲的，第二院的设置看起来就只是实现这一目标的一种非常笨拙的工具。同样的目的完全可以在一院制国会下实现，只要宪法设置一个决议规则，对于适当的情况要求超级多数通过即可。[117] 但是，我并不打算接受杰里米·边沁的看法，即认为第二院是"多余的、无用的，甚至比无用还糟的"。[118] 尽管从宪法工程学来看可能有些复杂，但第二院却可能加强政治生活在慎思明辨方面的特质。对于同一项议案讨论两次，这有利于暴露那些不适当的动议的严重困难，并对议案进行有益的重塑。两阶段的程序也为反思我们相互间公民义务的本质提供了喘息的时间。

---

〔116〕 See *id.* at 214 – 16（该书——驳斥了上一代社会选择理论专家对两院制提供的大量精致的辩护）。因为泽比利斯和莫尼本身是社会选择理论的专家，他们的讨论充满着缜密的证明，一一指出之前的作者言过其实或结论推导中的谬误。See *id.*

〔117〕 See DENNIS C. MUELLER, CONSTITUTIONAL DEMOCRACY 193 – 95 (1996). 在理论方面，两院制的特定情况下也可能会消除投票循环。See TSEBELIS & MONEY, *supra* note 96, at 39 – 40, 正如米勒所指出的，上述理论要求"将选民分为不相交的偏好团体在实践中是可行的"，但看起来并非如此。MUELLER, *supra*, at 195; *accord* TSEBELIS& MONEY, *supra* note 96, at 211.

可以肯定，总的来说两院制的确增加了改变现状的难度，参见 TSEBELIS & MONEY, *supra* note 96, at 74 – 75, 而这一事实本身就足以令放任自由主义者倾心，他们特别珍视对于现状的保障（只要现状反映了他们潜在的理念）。等到下文谈及分权制的第三个理论基础，即对于个人权利的保障时，我会更直截了当地评价他们的关切。See *infra* pp. 722 – 27.

〔118〕 Jeremy Bentham to his Fellow-Citizens of France on Houses of Peers and Senates, in 4 THE WORKS OF JEREMY BENTHAM 420 – 21 (John Bowring ed., 1843). 埃贝·西耶斯有一句精彩的格言表达了类似的意思："如果第二院与第一院保持一致，那么它是无用的；如果不一致，那么它是糟糕的。"The wonderful dictum of Abbe Sieyes reflects this as well: TSEBELIS & MONEY, *supra* note 96, at 1 (quoting Sikyes).

　　所有这些听起来仿佛是陈词滥调，然而事实并非如此。总有一些强有力的学派——如过去的马克思主义，以及当下的理性选择理论——都旨在曝光这些哗众取宠的理论，以揭露其中隐藏的自利主义的诡计。不过，笔者并不打算采取类似的方式。本书是研究国家机关的结构，而非其终极目标；简单列举我的其他作品，可以证明我专注于审议民主的各项原则。[119]

　　这些原则通常已被纳入有限议会制的设计。该模式的一个显著特色是它对于公民投票实践的挑战，而该实践已经在过去的两个世纪里持续进化。仅仅通过一次性公投来寻求人民对宪法变革的同意，这是远远不够的。针对重要的提案，选民在作出最终决定前，应当被给予在数年时间予以讨论的机会。简而言之，分阶段公投乃是一种将审议的原则应用于高级法修订机制的设计之中的尝试。

　　尽管如此，将这些同样的原则转化为在国会中的日常运用的机制时，仍然会有一个明显的问题。最简单地说，将一个大权在握的参议院引入该模式，将不可避免地带来合法性平局的前景。如果在联邦制的情况下我们通过削弱第二院的权力来回应这一问题，那么我们在单一制国家是否可以做同样的事情？

　　可正如意大利参议院的例子所揭示的，非常意外，答案是否定的。不但参议院在立法权上与众议院完全相当，甚至连内阁都必须同

---

　　〔119〕　See, *e. g.*, BRUCE ACKERMAN, SOCIAL JUSTICE IN THE LIBERAL STATE (1980) herein-after, ACKERMAN, SOCIAL JUSTICE; ACKERMAN, FOUNDATIONS, *supra* note 15, at 197 – 98, 272 – 74; Bruce Ackerman, Why *Dialogue*?, 86 J. PHIL. 5 (1989).

时获得两院的支持。[120]那么，意大利人是如何规避合法性平局以及随之而来的政治僵局风险的呢？他们居然通过在众议院和参议院的选举体制中创设一种实质上的对称来化圆为方。如果 A 党在意大利众议院赢得了 10% 的席次，那么它在参议院也获得同样比例的席次，以此类推。[121]

---

[120] See COST. art. 94（Italy）；Claudio Lodici, Parliamentuy *Autonomy*：*The Italian Senuto*, *in* SENATES：BICAMERALISM IN THE CONTEMPORARY WORLD 225（Samuel C. Patterson & Anthony Mughan eds. , 1999）（"国会两院在立法权以及批准首相及内阁部长的任命方面，角色完全平等"）。

[121] Jean Grangé, *Italie*：*Le Sénat de la République*, *in* LES SECONDES CHAMBRES DU PARLEMENT EN EUROPE OCCIDENTALE 317, 332 – 33 tbl. 1 – 2（Jean Mastias & Jean Grangé eds. , 1987）（该文描述了从 1948 年到 1983 年的政党力量对比）。在选举体制上仍有很多不同点，以避免完全的对称。首先，意大利人年满 18 岁可以投票选举众议员，参见 COST. art. 56（Italy），但他们必须等到 25 岁方能投票选举参议员，参见 COST. art. 58（Italy）. 其次，参议院还有一些（目前为 11 名）特别重要的并非由选举产生的终身参议员，包括共和国所有的前任总统，但在众议院就没有类似的职位。参见 COST. art. 59（Italy）.
这些差异可能导致在国会两院的政党比例略有不同，特别是在 1993 年改革选举体制生效后。在此之前，国会两院完全是按政党比例代表制选举产生，尽管参议员是以本人名义参选，而众议员则根据其在政党所列候选人名单中的顺序当选。See Decree of the President of the Republic, March 30, 1957, at 11. 361, and subsequent modifications. 自 1993 年，两院 3/4 席次的选举改为多数当选制，剩下 1/4 的席次仍为比例代表制。See Law of August 4, 1993, at 11. 277（该法规制众议院的选举）；*id.* at n. 276（该法规制参议院的选举）。这些法规被法令法典化并予以采行。See Decree of December 20, 1993, at 11. 533. 参议院与众议院选举在细节上的差异可能为结果增加了额外的变数：选民通过一次选举挑选参议员，但他们需要为选举众议员投票两次（一次投给个人区域候选人，另一次投给政党所列比例代表制议员候选人名单）。See Alessandro Pizzarusso, *I Nuovi Sistem*：*Ekttorali per kr Camera dei Deputati e per il Senato della Republics*, *in* RIFORME ELETTORALI 123, 131（Massimo Luciani & Mauro Volpi eds. , 1995）. 在众议院的选举中，只有获得百分之四以上选票的政党才有权参与全国范围内比例代表制席次的分配。在参议院选举中，则没有特别设置取舍点（门槛），席次完全在地方层面分配。See *id.*
在 1963 年以前，两院还有一个潜在的重要差异：参议院任期 6 年，众议院任期 5 年（前提是在其任期届满前，没有发生国会的解散）。See COST. art. 60（Italy）；Grangé, *supra*, at 335. 一旦发生国会的解散，两院的选举总是同期举行，"以避免两院在政治上的所有不协调"。（translation by Bruce Ackerman. ）
参议院不曾尝试倒阁，尽管其在形式上拥有该权力，但它仍将这一重要功能留给了众议院。历史上只有一次例外，在 1979 年，参议院卷入对安德烈奥蒂政府的倒阁，但并没有造成过多的扰动，这可能是由于两院间政治对称的相对粗疏。See PAUL GINSBORG, A HISTORY OF CONTEMPORARYITALY：SOCIETY AND POLITICS, 1943 – 1988, at 402（1990）.

这意味着一个在众议院获得多数支持的内阁，在正常情况下同样也会在参议院获得多数支持。[122]简而言之，选举机制的对称性，降低了在完全对称的两院制下合法性平局的威胁。

这种"抵消对称性的法律"（law of off-setting symmetries）解释了出乎我们意料之外的结论。归根结底，设置联邦参议院的全部关键点，在于让每个成员州潜在的不同政治利益与政党能够在全国性政治中表达他们各自的意见。如果创设一个选举规则的体制，让联邦参议院的政党平衡不可能与众议院内的平衡相背离，那上述关键点就无法实现了。因此合法性平局的问题必须经由其他方式来解决，即要么引入一个独立选举的总统职位，要么如一个半国会的方案所设计的那样削弱第二院。

与之相较，意大利的方案在单一制国家背景下看起来并非完全不合拍。因为，如果唯一的相关政治单元是国家，两院完全由全国性的政治力量来分配代表席次，这是完全恰当的。唯一的问题是，通过设置第二院，我们在慎思明辨（审议民主）上所得到的好处，是否能够抵消由此带来的复杂性问题？不论在其基本原则层面，还是在文化背景的特殊性层面，对于善意的反对意见，这个问题都是开放性的。

若对称性系统能够如我们期待般的运作，那么在国会一院通过法案时，如果在社会上引发了广泛的辩论，那就将会导致第二院的议员在法案落地前否决该法案，或者提出相应的修正案。因为执政联盟在

---

〔122〕 1996 年的选举，让执政的左派与中间派联盟在参议院获得了与众议院相较更大的优势。在众议院，该联盟必须要依赖重组的共产党的支持方能掌控大局。See Volcansek, *supra* note 41, at 95, 104.

两院的席次比例仅仅是大致相同，即便两院之间没有根深蒂固的政治对立，这样的否决也可能会发生。相反，它反而提供一个保全面子的机制，说明执政联盟自身可以重新考虑其提案背后的政策。这有什么不好吗？

没什么不好。可是，也有一种可能，意大利式的参议院会蜕化成一个毫无意义的备用车轮。它增加了复杂性与模糊性，却无法达到慎思明辨的目的。[123]看起来，1950年代丹麦和瑞典便作出了类似的判断，它们在那个年代废除了国会两院在政治上的对称性体制。[124]尽管如此，与联邦制下的境遇相较，至少值得庆幸的是，（在单一制下）无需一个独立的实权总统的介入，一个完全对称的两院制也可能有效发挥其功能。

* * *

迄今为止，我们一直把权力分立作为民主正当性的根本教条：需要赢得多少次选举，政治变革才能获得充分的立法授权？一个联邦制的宪法应采用什么样的方式来组织中央民主的政府机关，以代表地方

---

　　〔123〕　意大利参议院经常进行批评性的审查，但是很多"关于两院制最严厉的批判着眼于，两院制变成被认为是整个制度体系失灵的主要原因，而体制问题的真正根源在于这个国家登峰造极的多党制"。Lodici, *supra* note 120, at 254. 尽管如此，正如泽比利斯和莫尼所说：两院间的一些分歧已经延续了多年。阿勒姆描述了"一种两院间的持续多年的穿梭往复，它导致法案因国会的解散而终结，在效果上这导致所有未完成的立法归零。由此，以设立宪法法院的法案为例，它就在两院间往返了18个月"。而沙逊就引用了一个"共产主义政治学家杰赛普·科特里尔的观点，他曾指出将两院中的一院裁撤另有原因：立法工作的每个部分都在众议院与参议院之间进行无休止的谈判，这有利于基督教民主党。法案从一院送到另一院审查，这段时间让基督教民主党可以与它的各个派系以及游说团体做交易"。TSEBELIS & MONEY, *supra* note 96, at 53－54（这里省略了引文中的注释）。

　　〔124〕　See TSEBELIS & MONEY, *supra* note 96, at 35.

的成员州构成的利益？

　　我们的答案可以实现基本的分权制理念，但是并非采用大家熟知的美国模式。在有限议会制的规划之下，没有一个单独的机构被授予垄断立法的权力。与威斯敏斯特模式的权力集中不同，我的宪法模式寻求让一些与众不同的机构免于议会的直接控制。我们分立的权力至少还包括如下内容：参与分阶段公民投票的人民，一个宪法法院，一个联邦的、地方性权力更弱或全国性权力更强的参议院。

　　这是一个开放性的清单。无疑，如果我们更深入地研究民主理论，新型的分立权力将可能会涌现。关于民主自治的本质，有很多互相冲突的理解，而每一种理解都可能提出与众不同的机关分立的形式。就目前而言，指出这种研究隐含的重大价值，并转而思考分权制潜在的合法化现代政府的其他理由，这就够了。

Ⅱ

职能专业化

民主在现代宪政主义的伟大主题中居于首位；其次则是对民主的限制。限制主义的两个理由是相关的，我将依次讨论它们。这一部分主要是讨论专业化的需求：我们是否应当为法官和职业官僚划出一片空间，让他们得以在为立法目标服务的过程中有效地运用其专业判断，从而免于直接的政治干预？至于下一部分，则讨论分权主义在保障人民基本权利方面的承诺。

如同之前那样，在我的论证中既有肯定的一面，也有否定的一面。本部分始于一个建设性的观点，提出分权的新形式可能有助于实现专业的司法，并在公共服务领域实现政府的公平与效率。接下来，我将该提法放到之前谈论的更大的框架之中：当我们重新审视总统制与议会制的广泛辩论时，如何将分权的专业主义依据纳入进来？

接下来则进入我否定性的理论：在现阶段的辩论中，是否美国式的总统制看起来是一个糟糕的点子？如果在利害比较中加入其对于中立、专业的公共行政造成的严重后果，美式总统制看起来甚至就更糟了。在本部分完成之时，我希望有限议会制看起来是新分权下更强的基石。

但是，事有轻重缓急。在评估我肯定性的理论之时，你不必一定接受我对于美式总统制的批判。即使你反对有限议会制、支持威斯敏斯特或美国式的立法权，你还是会遇到一个显而易见的问题：假设民选的政治家们制定了一个纸面上的法律，接下来会发生什么？

可能什么也不会发生。不少法律的通过纯粹只是一种象征性的满足。但是也有少数法律，通过在适用过程中的努力，带来了对于分权制的一系列新的应用。

这其中具有指导性的关键问题，是现实地理解民选的政治家们的优势和劣势。在表述大的选民集团的最基本的规范取向方面，一个好的政治家必然精于此道；在任何正常运作的民主之下，这一技巧都是一种关键的资源。但每一项人类的美德都必然附带着人性的罪恶。正是因为我们所假定的政治家都是民主主义者，其对于赢得下一次选举极为感兴趣，因此对于该政治家而言，有极大的诱惑去扭曲法律来为其特定的支持者图利，特别是那些可以影响其连任选战的重要资源掌握者。除了这些可预测的党派性诱因之外，政治家们还可能纯粹是没有时间去筛查相关的真相；在他们关注某项议题价值的情况下，他们有更大可能只是关注真相对公众而言是怎样的，而不是经过规范的与持续的调查所得出的真相本身。

于是，可以预见，不受约束的政治干预对法治是有害的。不管立法在纸面上看起来有多美，其现实可能都是极其糟糕的。现实世界的选举胜利将会带来很多利益，由此，最有权势的政治家将获得与官僚机构、司法机关的最佳关系。制定法律的权力必须与实施法律的权力相分离。如果政治家得以打破这一藩篱，最终的走向将是专制。

当然，我们可以引用麦迪逊或孟德斯鸠的话来装点以上结论，可其实它只是简单的常识。但是必须注意到，这一权力分立的新理由并非**完全**基于上述部分发展出来的民主正当性理论。民主的需要并不必然意味着，非得在总统、参议院与众议院之间分配立法权；正如我所做的，还可以将分权制的第二个原则建立在完全不同的逻辑之上。

我称其为职能专业化，并分为三个部分来阐述。第一个部分强调直选产生的政治人物的先天弱点。他们越多地介入法律的实施，其实施就越难做到公平，就变得越愚昧。更糟糕的是，政治人物在官僚政治上投入的时间越多，其用于其本职工作（立法功能）的时间就越少，而后者是其本应发挥的基本价值。

话虽如此，我并不否认：一些具体的问题也相当重要，也很难事先予以管制，它们应当留给具有高知名度的政治人物来直接作决定，例如宣战就属于此类事务。尽管我们可以在这种情况下珍视政治家的实践智慧，但宪法设计者必须意识到这种直接的决定只是特例，它很容易因为滥用而损害其价值。如果政治人物频繁地卷入具体的纷争，他们回应的方式就可能是创设他们自己的高度政治化的小型官僚机构。其结果将会是所有可能的情况下最糟的一种：其决策既非由老练的政治家，也非由内行的职业官僚作出，而是掌握在那些急于讨好其老板或支持他们的特殊利益群体的乳臭未干的扈从手中。

由此可见，对于分权主义的第二个原则的阐释，应当始于将民选的政治家排除于广大的具体决策领域之外，令其可以集中注意力于那些必须由其决定的少数问题上。尽管政治人物乐于向有影响力的选民们展示，他们有能力从行政体系中夺取特殊的优势，以兑现其诺言，但宪法秩序将会把他们推到不同的方向。如果政治人物能够把时间用在深思熟虑地正视那些因社会生活的变动而产生的立法政策的基本问题上，他们就有足够的事情可做。

我论述的第二步，要求对于一个国家的文化与人力资源进行公正的评估。功能的分立是合理的，其前提是在当地必须有一种氛围，我称之为"韦伯式的文化"（Weberian culture）。[125] 至少有一些天分很高的人，必然会从为国家提供专业服务的前景中找到灵感。否则，专业的权力分立仅仅是作为腐败与庇护主义的遮羞布而存在。就人力而言，职能专业化预先假定可以招揽到受过良好训练的专家。当然，热心公共利益的专家在世界各地都是稀缺的；在这种情况下，与功能性的权力分立本身相较，有更多更令人担忧的重大问题。但是，即使功能的分权在当地拥有明显的文化与人力根基，如果缺乏大量的制度想象力，它也无法健康成长。

正是基于这一点，在我论证的第三部分我将提及，宪法的创造性潜能被过分的低估了。话虽如此，大致而言，美国与欧洲相比，其失败的根源还是有所不同。

———————————

〔125〕 关于韦伯式的文化在其令人困惑的种种变体中的根基，有一个有趣的研究，参见 BERNARD S. SILBERMAN, CAGES OF REASON: THERISE OF THE RATIONAL STATE IN FRANCE, JAPAN, THE UNITED STATES, AND GREAT BRITAIN (1993).

A. 智识上的挑战

在美国与欧洲，公法研究的含义有所不同。或许，这使得学者之间可以互相帮助、矫正他们各自偏见的领域？

1. 美国

对美国人来说，政治独立性与专业中立性的核心重要性特别适用于法院。如果政治人物意图令法官为其狐朋狗友扭曲法律，则普遍被认为是严重违反了权力分立的原则。至于在司法领域之外扭曲法律的情况，我相信，在今天的美国是严重泛滥的。

但是，美国学者在认定对法治的其他形式的威胁方面，则经历了一段困难的时光。尽管总统就审理中的案件打电话给法官被视为对抗宪法的犯罪；但给中级的公务人员打类似的电话，其定性就不那么确定了。宪法学者很难承认，就功能专业化的原则来说，总统作为国家最有权势的政治人物，是对分权制的首要威胁。毕竟，不正是宪法授予了总统整个的"行政权"吗？难道这不是意味着给予总统最广泛的指挥权、令其以自己喜欢的方式来管控官僚机构？

但是在 1887 年制宪时，国父们完全没有预见到，有一天美国政府会雇佣成千上万的公务人员来行使各种各样的职权。一项统计数据胜过千言万语：1802 年，为联邦政府工作的文职公务人员总数为 2597；[126]

---

〔126〕 See JAMES STERLING YOUNG, THE WASHINGTON COMMUNITY, 1800–1828, at 29 tbl. 1 (1966). 该数字不包括总统、161 名国会议员及最高法院成员。

1997 年，相应的人数是 187 200。[127] 可以看到，该差异相当值得注意。

但不幸的是，美国专家们以斯卡利亚大法官为智识领袖，越来越不肯理会如此寻常的差异。他们倾向于苦苦地、以近乎天真的方式进行文义解释，意图解决这一问题：

前提一：总统被赋予了整个的"行政"权。

前提二：宪法仅仅将联邦权力分为三个部分：立法、行政与司法。

前提三：官僚机构的控制权既不属于立法，也不属于司法分支。

结论：因此，该权力必然归属于行政分支。

这其中，有缺陷的地方是前提二。我们假定，制宪者特别重视权力分立，当中隐含有民主责任的原则。但这并不等于：如果他们意识到是在为官僚国家起草一部宪法，制宪者们将会忽视权力分立所隐含的职能专业化的原则。（除了在有关法院的问题上）制宪者明显疏于处理该问题，究其原因乃是他们完全没有认真对待官僚国家的问题。但是，现代宪法专家不应当以制宪者在该问题上的沉默为借口而忽视该问题，甚至等而下之地想象制宪者已经解决了这样一个他们认为并不存在的问题。宪法专家们应该拓展其思维，容纳涉及管控政府第四个权力分支（官僚机构）的独特结构性问题。

对于行政法的教授来说这是显而易见的事情，他们对于宪法专家们在法律学术圈所垄断的优先地位早有怨言。尽管他们的对手不停地

---

〔127〕 See *Pend of Federal Civilian Employment*, *1982 - 1997*（visited Oct. 15，1999），http：//www. opm. gov/feddata/98factbk. pdf. 该数字不包括美国邮政的雇员。

唠叨 1787 年与 1868 年的宪法意涵，行政法学者都不停地提醒自己：事实上是由他们在处理现代国家的权力机关所提出的基本问题。尽管他们被视作二等公民，就如同他们对行政程序法的反思与对国家权力范围的讨论（如马歇尔大法官在麦考洛克诉马里兰州一案[128]中的宏大叙事）相较，仅具有次级的重要性！

行政法学者有理由为此感到愤怒。我认为，他们反思所积累的成果，乃是建构 21 世纪权力分立新原则的宝贵资源。但在本文中，我还是想要强调他们将行政法与宪法进行区隔化研究中不好的一面。甚至最具智识且雄心勃勃的行政法专家，也没有完全摆脱二等公民地位所附带的影响。无论他们如何谈及"政府的第四个分支"，他们都并没有像他们对待行政程序法之类的法律那样，严肃对待这一隐喻，进而思考一个现代宪法将如何设计，使得确定的基础性官僚组织结构能够免于来自政治人物的不时干预，促使政治人物专注于他们在现代民主制下应当承担的事务：通过法律，以及对那些（非常罕见的）具有高曝光率的、真正需要其拿出政治家风度与实践智慧的特定事务作出决定。

2. 欧洲

欧洲人当然不能被认为是同样的无知。在 18 世纪早期，（普鲁士国王）腓特烈大帝宣称他本人是国家的首席公务员，并努力将官僚机构置于其控制之下，但是结果却喜忧参半。过去一个世纪有关法制的

---

[128]　17 U. S.（4 Wheat.）316（1819）.

一个重大成就，便是法国行政法院相对成功地努力保障了公民免于国家不当行为的侵害（德国在经历了纳粹的灾难后所设立的联邦最高行政法院亦然）。在 1880 年代，举世闻名的戴雪警告盎格鲁—撒克逊世界要远离欧洲特设行政法院的模式，[129] 可能当时还不清楚这类法院在应对行政权所产生的问题时是多么的具有建设性。[130] 过了一个世纪之后，对如今的美国法律人而言，已经没有理由继续无视法国和德国的成就。戴雪的焦虑，依然代表着盎格鲁—撒克逊世界长期囿于君权主义者"主权豁免"的观念，而法国的宪法法院则早就从这种原始的观念中解放出来了。[131]

尽管如此，在将官僚机构整合进他们对于宪法的潜在应用的反思问题上，欧洲人同样遭遇重大挫折。具有讽刺意味的是，与美国模式相反，在欧洲，是宪法专家——而非行政法专家——在传统的公法研

---

〔129〕 See A. V. DICEY, INTRODUCTION TO THE STUDY OF THE LAW OF THE CONSTITUTION 213 – 67 (8th ed. Liberty Classics 1982) (1915). See especially pages 265 to 267 of this work, which was first published in 1885.

〔130〕 甚至在戴雪的时代，也有很多案例证明法兰西第三共和的行政法院决心令官僚机构服从法治。See Trib. conflits, Feb. 8, 1873, Blanco, Rec. ier supplt. 61, concl. David, in LES GRAND ARRETS DE LA JURISPRUDENCE ADMINISTRATIVE 15, 15 – 21 (Marceau Long et al. eds. , 9th ed. 1990); Conseil d'Etat, Feb. 19, 1875, Prince Napoleon, Rec. 155, concl. David, in LES GRAND ARRETS, supra, at 29 – 38. 关于这些案例的讨论，还可参见 FRANCOIS BURDEAU, HISTOIRE DU DROIT ADMINISTRATIF 199 –254 (1995) (该部分对于 19 世纪最后 30 年的状况作了一个综述); JOHN A. ROHR, FOUNDING REPUBLICS IN FRANCE AND AMERICA: A STUDY IN CONSTITUTIONAL GOVERNANCE 208 – 11, 217 – 21 (1995) (Prince Napoleon and Blanco).

〔131〕 以下讨论中的比较虽然简略，但充满智慧，in ROHR, supra note 130, at 242 –45. 最高法院在最近几年的一些案例中有明显的倒退，例如 Alden v. Maine, 119 S. Ct. 2240 (1999), and College Savings Bank v. Florida Prepaid Postsecondary Education Expense Board, 119 S. Ct. 2219 (1999). 请注意，布雷耶大法官在其不同意见书中嘲讽多数裁判意见"更像是源自詹姆斯一世而非詹姆斯·麦迪逊"。Id. at 2240 (Breyer, J. , dissenting).

究领域居于次要地位。尽管第二次世界大战后这种情况已发生变化，法律思想在适应现状时却总是有些缓慢。[132]无论如何，如同美国一样，最近有越来越多的学者开始意识到欧洲在下个世纪将遇到的挑战，他们开始为官僚国家建构新的分权原则。[133]

B. 两个中庸的方案

有道是，说起来容易做起来难。所以，请原谅我仅仅满足于为两个严肃的宪法探索方向提供一个大致的梗概。

1. 廉政的分支

我首先提出一个如此明显的主张，它几乎可以上升到不证自明之理的尊严问题：如果官僚决策公开出售、价高者得，那么整个官僚机

---

〔132〕 尽管如此，已经有一些非常有意思的实验。例如，在法兰西第五共和宪法之下，在正式提出法律案之前，政府有义务（私下）征询行政法院的意见，这样政府就有机会在了解法案潜在的适用问题的情况下调整其提案。

〔133〕 最有趣也可能有争议的是，这项工作由欧盟的研究者来完成了，其中最引人注目的是詹多梅尼科·马约内和克里斯蒂安·约格斯教授。See Christian Joerges and Jiirgen Neyer, *From Intergovernmental Bargaining to Deliberative Political Processes: The Constitutionalisation of Comitology*, 3 EUR. L. J. 105（1997）; Giandomenico Majone, *The European Community: An "Independent Fourth Branch of Government?"*, *in* VERFASSUNGENFOR EIN ZIVILES EUROPA 23（Gert Briiggemeier ed. , 1994）; Giandomenico Majone, *The Rise of the Regulatory State in Europe*, 17 W. EUR. POL. 77（1994）; Giandomenico Majone, *Temporal Consistency and Policy Credibility: Why Democracies Need Non-Majoritarian Institutions*（1996）（visited Dec. 9, 1996）, http://www.iue.it/RSC/WP-Texts/96_57.html; see also Craig, *Democracy and Rule-making Within the EC: An Empirical and Normative Assessment*, 3 EUR. L. J. 105, 129（1997）（该文以欧洲式民主为模型探讨修正的共和主义）; Michelle Everson, *Independent Agencies: Hierarchy Beaters?*, 1 EUR. L. J. 180, 189 – 92（1995）（该文认为，对于欧洲国家建立对政府机关的有效监督的尝试来说，美国的宪政经验可能是有益的）。关于对美国法与欧洲法的比较评估，参见 Martin Shapiro, *Codification of Administrative Law: The US and the Union*, 2 EUR. L. J. 26（1996）。

构就没有办法运作了。

人们很难相信，选举产生的政治人物会认真对待腐败的问题。即使他们本人不直接参与非法收入的分配，来历不明的资金却总是能够为他们选举同盟的运转添加润滑剂。

若事实果真如此，现代宪法能否贡献一个特别条款来创设独立的机构，以制衡这种腐败的倾向？

也许不能。毕竟一部宪法并非万能的工具，可以依据制宪委员会的愿望清单，全方位地解决所有问题。话虽如此，将腐败仅仅视为不相关的社会问题，这也是错误的。如果无法控制腐败问题，将会损害民主政府的根本正当性。如果酬佣制成为日常生活的一部分，那么普通民众必将对如下理念完全丧失信心，即他们与其公民同胞能够通过民主法治掌握自己的命运。当然，这样的情况在世界上的广大地区蔓延。但是，腐败的无处不在并不意味着宪法可以对其视而不见。相反，这意味着争取**真正的**宪政的斗争还在起步阶段。

切实构建一个分立的、廉政的分支，对于现代宪法的起草者来说应是当务之急。这一新的分支应当被赋予权力，并以持续的监督作为刺激。对于这一廉政的分支的成员而言，应当保障其享有高薪，并免于立法机关的削减。对其职业前景应予以保障，以免日后在他们曾经负责调查过其公正性的官员手下服务。宪法还应当保障将政府全部收入中的固定百分比投入该分支；否则政治人物在面对曝光的威胁时，很可能会以将该机构的拨款削减成名义上的高薪来报复。

　　既然我们为自己创设了宪法上的守夜人，我们必须采取措施令其处于可控状态，这也是近期美国特别检察官非法调查一事带给我们的教训。事实上，一个廉政的分支是否可以被允许调查民选的最高官员，是一个值得研究的问题。或者，根本就不可能在设置这一调查权的同时，还能避免政党滥用权力、对政治行为进行刑事定罪这一显而易见的风险。尽管我对此表示怀疑。即使民选的官员及其贴身助理被免于调查，也不意味着在美国分权制下不可避免的宪法案件就不存在了。

　　在发达民主国家的实践中，其需要也被肯定。考虑到威斯敏斯特模式与生俱来的对于大多数分权制模式的拒斥，英国的例子就特别具有启发性。自从 1861 年以来，英国国会创设了一个公共账目常设委员会，该委员会主席由反对党领袖来担任，以确保政府在公共资金使用决策方面的诚信并维护其声誉。[134] 在行政体系中，英国审计委员会也对地方政府和国民医疗服务系统行使着监督权。[135] 英国国会再次设法将委员会与其负责监督的机构相分离。[136] 在美国也有类似的机构在

---

　　[134] See COLIN TURPIN, BRITISH GOVERNMENT AND THE CONSTITUTION: TEXT, CASES AND MATERIALS 483 – 85 (2d ed. 1990); Alan Doig, *Politics and Public Sector Ethics*: *The Impact of Change in the United Kingdom*, *in* POLITICAL CORRUPTION IN EUROPE AND LATIN AMERICA 173, 174 (Walter Little & Eduardo Posada-Cubó eds., 1996)（这里所参考的报告乃是由皇家公共生活标准委员会与公共账目委员会所发布）。

　　[135] 该委员会的功能参见以下网站 http://www.auditcommission.gov.uk/ac2/IC-first.htm, which was visited on September 26, 1999.

　　[136] See SUSAN ROSE-ACKERMAN, CORRUPTION AND GOVERNMENT: CAUSES, CONSE-QUENCES, AND REFORM 163 (1999).

运作。[137]赋予这类努力以宪法上的尊严，绝非仅仅是一种象征性的姿态。一个国家如果能有一刻在制度上认真对待腐败，那就意味着在制宪会议上，长期的结构性的考虑可能胜过了公共关注的罕见时刻。此外，在中国香港地区和新加坡有一些特别显著的经验，表明一个分立的廉政的分支的确可以在工作中取得巨大的成功，只要其能够恰当地分立出来。[138]这种廉政分支并非传统的三权中的任何一权，我们不能仅仅因为这一事实而否定其在现代权力分立中的地位。

一旦设立了这样的分支，也就有理由将其管辖的领域从直接的腐败扩展到其他的病态状况中来。例如，也可以包括那种将税务机关作为党派政治斗争工具的情形。或者这种滥用权力的行为可以被抑制，只要我们授权廉政的分支去调查受到损害的政党的投诉，并且让官僚

---

〔137〕 类似于英国的常设委员会，美国立法分支也设立了行使着重要监督功能的总审计室。说来奇怪，总审计室的设立与美国的分权制原则存在一定的不协调，因为权力分立的基础便在于对（立法机关）过分侵入行政权的担忧。See, *e. g.*, Kevin T. Abikoff, Note, *The Role of the Comptroller General in Light of* Bowsher v. Synar, 87 COLUM. L. REV. 1539, 1540 – 41 (1987).

对于廉政的关注，还表现为美国在每个主要的行政部门都设立了督察长特别办公室。See *generally* William S. Fields & Thomas E. Robinson, *Legal and Functional Influences on the Objectivity of the Inspector General Audit Process*, 2 GEO. MASON INDEP. L. REV. 97 (1993)（该文介绍了督察长法与审核程序）。

〔138〕 我不想就这两个例子说太多。中国香港地区与新加坡在它们成功地进行反腐败运动时都是独裁政体，而且，这两个例子中所特别设立的反腐败机构在制度上并不能独立于首席执政者的意愿。相反，它们直接对总督或总理汇报工作，并且由此完全依赖于其首长所表现出来的反腐败的热情。其挑战乃是以宪法的方式来确立一定程度的确定性，以及于民主宪法的框架下在制度上的独立性。The challenge is to create by constitutional means a similar degree of determination and institutional insulation within the framework of a democratic constitution. 想要对这两个例子了解更多，参见 ROBERT KLITGAARD, CONTROLLING CORRUPTION 101 – 33 (1988); ROSE-ACKERMAN, *supra* note 136, at 159 – 62; Jon S. T. Quah, *Singapore's Experience in Curbing Comption*, *in* POLITICAL CORRUPTION: A HANDBOOK 841 (Arnold J. Heidenheimer, Michael Johnston & Victor T. LeVine eds., 1989).

机构中的为恶者承担责任。但是如果赋予该机构过于广泛的权力，也会有显而易见的危险。其管辖权越广泛，它就越多地介入承担政治责任的机关的运作，这本身就越有可能成为政治复仇的诱人目标。

2. 规制的分支

现在，是时候超越病态的视野，并应对由现代国家扩张的规制雄心所造成的更大的宪法挑战了。在我看来，我们对于官僚机构管制的理解基础，在很久以前就超越了民主正当性的"传送带"理论，在该理论下，官僚机构的"专家"只是将显现的制定法的立法规定予以具体化。[139]规制者制定法律，而我们也不打算选择其他方式。我们以环境保护提出的规制问题为例来考量。尽管民主立法能够提供指导性的原则，但国会既没有时间也缺乏专家来审查不断变化的科学数据，以及探寻负责任的规制方案。事实上，一旦国会尝试对环境问题作出具体的决议，其结果常常是带来极其糟糕的反作用。[140]我们所需要的是一个宪法设计，它接受了持续进行的规制事业中的官僚机构补充立法的需要，同时自觉地面对其中严重的合法化问题。

首先，有一个简单的问题是关于官僚机构能力的。正如我们所见，功能性分权的例子，预设了现代规制活动中科学知识与专业经验的价值。但事实上，每年全世界有大量的官方文件被炮制出来，而这些文件表明其对意图规制的、复杂的社会与经济关系的惊人的无知。

---

〔139〕 关于该观点的经典论述，参见 Richard B. Stewart, *The Reformation of American Administrative Law*, 88 HARV. L. REV. 1667, 1671 – 88 (1975).

〔140〕 案例研究揭示了这种尝试可能带来的反效果，参见 BRUCE A. ACKERMAN & WILLIAM T. HASSLER, CLEAN COAL/DIRTY AIR (1981).

一个为现代国家打造的严肃的宪法应当采取积极的措施，确保官僚机构所谓专业性的主张不仅仅是合法化的神话，而是基于其辛辛苦苦挣来的实绩。

第二个合法化的神话也要求类似的回应。依据我们耳熟能详的幻想，官僚机构的工作角色，纯粹只是作为国会立法的规范判断的传送带。仅仅揭穿这一神话还远远不够。现代宪法必须采用建设性的步骤，挑明官僚机构规范性意见的关键因素，并且通过从公共参与到司法监督的一系列技术来规范其运作。正如我所提出的，这正是美国法位居前列的一个领域。以德国行政程序法为例，它仅仅关注于官僚机构侵害个人权利的危险，而几乎完全忽略了涉及官僚机构制定规范合法性的突出问题。且不论美国行政法的缺陷——其缺陷的确很严重，美国制定法承认规制的决策制定需要特殊形式的合法化，由此加强公众的参与，对官僚机构所宣称的专业知识进行持续的检验，并且鼓励对难免隐藏在抽象的立法指导原则中的政策选择进行严肃的规范性反思。[141]

问题是，美国的宪法与行政法专家未能参加严肃的讨论，因此没有将美国的经验转化为具体的建议并提供给世界各国的制宪会议。规制的分支的组织架构看起来应该是什么样的？如何通过一套公共参与和司法审查的可信系统，来给部长们的民主正当性与官僚机构的专业

---

[141] See SUSAN ROSE-ACKERMAN, CONTROLLING ENVIRONMENTAL POLICY: THE LIMITS OF PUBLIC LAW IN GERMANY AND THE UNITED STATES 13 – 15（1995）; Susan Rose-Ackerman, *American Administrative Law Under Siege: Is Germany a Model?*, 107 HARV. L. REV. 1279, 1279 – 80（1994）.

知识套上笼头?[142]

C. 冲突的分权主义

我们应当付出巨大的努力，将官僚机构融入我们自由民主国家的宪法观，目前这还只是开始。但是，我希望在引发我更大的议题方面已经说得足够多：我们不应将"分权"视作仿佛指向单个完全一致的价值关怀，如果我们能把分权的标签划分为数个部分，可能会更有益。如果能这样做，我们就会发现，传统的"分权"思想一方面已经过分扩张，而同时又是有欠发达的。将立法权在总统、众议院与参议院之间划分，如果用民主正当性的原则来考查的话，这种美国式的分权案例看起来就是相当薄弱的。但是，如果我们用功能专业化的原则来考查，该原则看起来非常有潜力。

如果是这样的话，也许我们可以把论证提高一个层次，考虑是否在坏的分权与好的分权之间存在一定的关系。特别是，是否美国式的分权为建构基于功能专业化逻辑的分权，提供了一个合适的制度母体？

如果答案是肯定的，我们就不得不调试我们最初对于美国式分权非常苛刻的看法。尽管该体制包含很多我们之前列举的负面特征，但它也包含有助于未来发展好的分权的正面特色。如果答案是否定的，

---

[142] 关于反思的重要材料，参见 JERRY L. MASHAW, GREED, CHAOS, AND GOVERNANCE: USING PUBLIC CHOICE TO IMPROVE PUBLIC LAW (1997), as well as the writings of Professors Majone and Joerges, *supra* note 133, and Professor Rose-Ackerman, *supra* note 141.

那它便是对美式分权制的又一次大的打击。

答案是否定的。

Ⅰ. 理论联系

如果一个代议体制运作良好，首相及其内阁部长们都会坚定地着眼于下一次大选。如果他们败选了，则所有他们珍视的立法动议的命运都掌握在其政治对手的手中。因此，他们希望官僚机构内行同时又能有效执行其动议，并且可以尽快落实其政策。

专业化的职业官僚则有不同的工作周期。他们关注的是终身任职，并且认识到在其职业生涯中会为很多不同的首长服务。因此，如果他们有明显的政党倾向，并且过分热情地致力于现任内阁的目标，那他们可能会因此遭受长远的损失。在未来某个不确定的时间，现任内阁会在大选中落败，而接下来掌权的那帮政治人物，将确定会对那些之前大张旗鼓地为前任内阁政治纲领献身的职业官僚们予以报复。

这并不意味着这些长期任职的职业官僚会对其前任首长们报之以"官僚主义的拖沓"（bureaucratic obstructionism）。相反，他们有充足的理由预知这种故意拖延在短期即会招致严重的后果，一旦现任的这帮政治人物认为职业官僚的拖沓威胁到其连任的前景，他们就会愤怒地予以反击。职业官僚要想避免这类报复，必须树立具备中立能力（neutral competence）的声誉。不管内阁设置了何种目标，高级公务人员随时待命并且希望它们被落实。

简而言之，在议会制与专业化之间有着深厚的联系。内阁很乐意接受专业化的奥秘：只要职业官僚内行地、有效地做好本职工作，政治人物就并不特别需要官僚们表忠心。反过来，职业官僚们也就可以笃信文官中立这一韦伯式的伦理，将其作为关键的职业保障。由此，他们也就不必因为曾积极、有效地代表前任内阁的利益，而对每个新内阁表示歉意。相反，职业官僚可以期待韦伯式的伦理能够将潜在的减分项转变为重要的加分项："部长先生，我会为您及您的目标服务，就好像我之前干劲十足地致力于为您前任的目标努力服务一样。"

观众们每周都在电视连续剧《是，大臣》里看到无能的政客吉姆·哈克被诡计多端的职业文官汉弗莱爵士牵着鼻子走，他们难免会嘲笑职业官僚们这种伪装的忠实与服从。正如我们所见，电视剧并非我们洞察当代英国官僚体制运作的最佳参考资料。[143]我们将议会制下专家的压力与美式分权制所引发的非常不同的刺激作比较，在这里就足够了。[144]

一旦设置了独立于国会的总统，高阶的职业官僚必须学会在敌对的政治领袖所主宰的权力场中求生存。因为总统与国会领袖都可能挥动权力武器来惩罚不服从的公务员，只有最天真的职业官僚才会认为"中立能力"的伦理可以作为其最佳的生存策略。与在议会制下不同，高阶公务员及其所在机构想要继续蓬勃发展，仅仅依靠其专业能力是无法满足其部长的要求的。现在，必须持续地努力讨好其在总统大位上以及国会中的互相对立的领导们，以最大化他们全体的支持。根据部长的要求完成本职工作是不够的，官僚们的第一要务是完成如下政治任

---

〔143〕 See *infra* p. 705.

〔144〕 关于得出类似结论的大致相同的讨论，参见 Moe & Caldwell, *supra* note 36, at 173 – 82.

务，即吸引对立法与资金分配决定负责的、彼此对立的权力的支持。

反过来，这一政治任务会在很大程度上驱使官僚机关介入利益团体所运作的事务。在议会制下，如果公务人员"在背后捣鬼"（go behind their back）、组织政治团体且其规划威胁到了内阁的优先地位，内阁部长就会做出非常负面的反应。在美国式的体制下，行政权与国会持续的争斗，让高阶官僚别无选择：如果其机构想要完成任务，必须不停地动员友好的利益团体，不停地试图对众议院、参议院与行政分支的关键领导施加影响。

官僚机构的政治化又被分权制的第二个特色所加剧。如前所见，分权制的标志之一是将立法予以固定化，以超越下一次选举周期的可能性。尽管通过一部法律很难，但要修改已通过的法律同样很难。如果制定颁布法律的联盟想要寻求保护其议案免于轻易被修改，在其固定化的各种手段中，人事政策就要居于优先地位。如果联盟能够任命意识形态上的同道占据新生机构的领导岗位，这些文官就在未来与国会和总统两条战线的斗争中居于战略性的位置。如果这个或那个权力分支转而反对既定的方案，这些意识形态化的官僚在其机构求生的同时，也会设法利用政治力量尚存的空间：为了维系利益团体、国会各委员会以及白宫工作人员的支持，他们会采用一定方式来塑造并重塑之前规划的方案。不但如此，第一代意识形态化的官僚还会尽力挑选一批志趣相投者来担任接班人。[145]

---

〔145〕 当然，至于他们是否成功（选择了接班人），那是另一回事了。以下研究可谓极具洞察力，参见 ANTHONY DOWNS, INSIDE BUREAUCRACY 5 – 23 (1967).

这意味着，新当选的总统与总理在他们第一天履新之时，所面对官僚机构的现状完全不同。总理所面对的高阶干部，热衷于树立其中立能力的形象；总统则面对一个意识形态根深蒂固的、难以驾驭的官僚帝国，这些官僚们精于同国会友人、利益团体结成战略联盟的政治艺术。

尽管如此，作为行政分支的首长，总统非常清楚地知道，其本人将为整个官僚体系的表现负责。那么总统该如何组织其"行政权"，让其不仅仅是在宪法的象征意义上隶属于总统？

通过着手于新一轮将官僚机构政治化的运动，总统这一次将其个人效忠者安插到官僚机构之中。安插亲信的运动将从两个方向展开。首先，总统将创设一个完全由其效忠者控制的特别行政机构，接下来他会寻求赋予该机构广泛的权力，来审查并调整这个庞大的官僚帝国的所有决议。这一行动被中立的标签予以正当化，其声称：在不同的时间由不同的多数通过的不同立法，其各自独立的任务交织在一起，造成了混乱，必须对它们进行"中央的协调"。但是，这一标签仅仅是作为一个幌子，来掩饰环绕于中央的总统亲信与位于庞大外围的、之前固化了意识形态的高级文官之间的持续斗争。

当总统通过在失控的官僚领地中增加其亲信的数量，以寻求整合其（行政）帝国的时候，第二个策略就应运而生了。决定其人事任命的压倒性标准，是被任命者会忠于总统及其政策方案，候选人意识形态的一致性取决于所涉及的特定总统。这其中隐藏了一个巨大的风险，就是总统的特使们将会"入乡随俗"（go native），屈从于已经固化了的意识形态拥护者的压力，让该机构的既有使命得以延续，哪怕它已经偏离了"行政分支"（总统）的政治议程。

在如此高度紧张的安排下，对于实际知识与执行能力的要求也不能被完全忽视。知识即权力，对于专业知识的掌握当然也会不断地展现这一格言；不过通常是以一种完全相反的精神，对于达到专业上一致性的可能持高度怀疑的态度。我的推论可浓缩为一段话：议会制培养了中立的能力，分权制造就了政治化的专业主义。其结果是，在与数不清的官僚机构无休止的斗争中，总统从选民那里获得的授权被稀释与破坏了。

诚然，总理及其内阁在与他们的官僚机构打交道的过程中也会遇到严重的问题，但情况有所不同。由于官僚们太热衷于依据其所宣称的中立能力来做好本职工作，所以会产生一个根本的难题。到头来，就理解现实的方式而言，其实并不存在所谓完全的中立。每个"专家"建构的世界都包含了大量存在争议的预设：毫无疑问在每个专业领域都有"传统观念"，它存在于专业实践者的头脑之中；但所谓"传统观念"之所以在人们头脑中得以维系，是因为它掩盖了其中存在争议的大量元素。

官僚们观念的封闭，在一定程度上是件好事。专业实务人员不是学者。他们的工作是作出决定，而非雄心勃勃地从事前沿课题的研究。无论这些"传统观念"在五十年后会变得多么不妥，技术官僚们都活在此时此地，他们不应当被鼓励为超越其理解限度的事情而过分伤脑筋。"中立能力"的现实目标，仅仅要求官僚们基于他们所知最好的传统观念来尽力履职。

难就难在这里。官僚机构是智力上保守的机构，其中充斥着老前辈以及他们过时的传统观念。[146] 尽管他们真诚地标榜其"中立能力",但高阶官僚经常会困于过时的范式,而无法领会大学、私有企业及其他前沿机构所提出的更好的理念。承担选举责任的政治人物要求他们的官员志存高远是一回事,政治人物因官僚们与当代思想脱节而遭遇挫折是另一回事。

这是一个严重的问题,当然你也不应过分夸大其在整个体系中的重要性;在很多情况下,官僚机构明智地抵制了政治人物异想天开的政策。我没有低估其真正的重要性,我只是认为:与分权制下的情况相较,议会制下官僚机构的问题看起来更可能进行明智的管控。面对官僚机构特别严重的观念封闭问题,部长们可以召集由外部专家组成的临时性的"蓝带委员会"。或者,它们可以制度化为一系列介于官僚与外部世界之间的反馈机制:将获得升迁的官员送到大学组织参加在职进修课程,或者组织咨询委员会就正在处理的事务征求广泛的意见。又或者,他们可以任命少量的个人规划人员,从事与常任文官进行创造性的交流。

这些管控工具中没有哪个可以长期有效,有时候官僚机构思想的狭隘可能会达到病态的程度。但是我们不能因为那些丢脸的事件,就放弃那些激励官僚的潜在模式。在议会制下,只要部长能够清晰地描绘其计划的目标,并且将既有的专业智慧与新生的政治使命相协调,公务员们就会有很强的诱因去听从新任部长的安排。当我们将立法权

---

[146] See *id.* at 158–66. 该书以名为"刚性循环"(The Rigidity Cycle)的一章来讨论官僚机构的僵化。

在总统与国会之间进行划分的时候，公务机关就变成了意识形态固化的官僚与总统亲信为争取政治支持而长期缠斗的战场。

D. 从理论到实践

话说回来，有一些相当根本的原因，让我们可以把美式分权制与最不受欢迎的官僚治理模式联系在一起。更严重的是，这种理论上的联系被实践所充分证明。

1. 政治化专业主义的代价

再一次重申我的第一个重要预设，那就是与议会制下的同行相较，美国的官僚精英对其角色的理解是完全不同的。足以引起注意的是，这一预设乃是一个比较官僚文化的突破性研究的首要成果之一，该研究由乔尔·亚伯赫、罗伯特·帕特南、伯特·洛克曼教授所领导的一个在美国及欧洲六国的采访团队所组成。[147] 在与各国相当数量的国会领袖及职业官僚进行了严格设定的访谈之后，这些学者发现：

---

〔147〕 See JOEL D. ABERBACH, ROBERTD. PUTNAM & BERT A. ROCKMAN, BUREAU-CRATS AND POLITICIANSIN WESTERN DEMOCRACIES 94 – 95 (1981)（该研究认为，独特的美国式理解不仅适用于短期任职的政务官，也适用于长期任职的文官）。这六个欧洲国家是英国、法国、德国、意大利、荷兰、瑞典；除了作为例外的法国，其他国家都实行议会制。正如后文注释 150 所指出的，法国的数据可能证明第五共和相对较弱的分权制对于官僚自我认知的影响与美国模式类似。

亚伯赫的研究如今已经是落后的一代了，如果能有更新的研究就太棒了。在德国进行的全国性的跟踪研究证明，欧洲官僚与美国官僚在自我认知方面的根本差异依然存在。See Renate Mayntz & Hans Ulrich Derlien, *Party Patronage and Politicization of the West German Administrative Elite 1970 – 1987—Toward Hybridization?*, 2 GOVERNANCE 384, 394 (1989)（"与 1970 年代相较，现在的公务人员在将其身份区别于政治人物方面走得更远……"）（这里省略了着重号）。

"美国例外主义对于我们探寻统一的、无限制的般化是个困扰。"[148]

与其欧洲同行形成尖锐对照，美国的职业官僚并不将其角色定位为专注于某个职务，他们不认为其工作明显不同于那些由政务官履行的职能。作者认为，这种角色区别的缺失是"令人吃惊"的，[149]他们明确地认为分权制是造成"美国例外"的首要原因：

> 美国的职业官僚必须加强他们自己的政治支持基础，这在一定程度上于世界范围内是独一无二的。碎片化的责任迫使美国官僚为了保住其个人的位置，必须成为风险偏好者与有力的倡导者……他们一方面没有匿名性的保护，另一方面也不能明确地仅服务于单一的首长，美国的官僚必须尽其可能地寻找同盟……可以肯定，我们一般所理解的官僚政治在任何地方都存在。但是除美国外，通常官僚政治游戏的参加者非常有限，也更加确定，即使不是完全确定，至少也设定了游戏规则。欧洲的官僚政治通常是（偶然为之的）插曲；美国的官僚政治则是无休止的（连续剧）。[150]

---

[148]　ABERBACH, PUTNAM & ROCKMAN, *Supra* note 147, at 94.

[149]　See *id.* at 95.

[150]　*Id.* at 95 – 96. 在文中紧跟着我所引用的之后一段中，作者明确地指出他们所强调的制度差异的宪法基础。

有趣的是，唯一与美国遥相呼应的西欧国家——法国，当然同时也是唯一以独立选举方式产生总统职位的（国家）："其高阶官员由戴高乐主义者占据的官僚机构，对社会政策持有特别的偏见，可能在任命他们时就特别关注其政治立场与政党倾向。从这个角度看，他们在一定程度上可能接近尼克松时期的美国政治高管……" *Id.* at 77 – 78. 由于这其中有太多混杂变量，所以我不打算就这一问题谈太多。但是，至少它指出了更严肃的研究成果。See Ezra N. Suleiman, *Presidentialism and Political Stability in France*, *in* THE FAILURE OF PRESIDENTIAL DEMOCRACY, *supra* note 19, at 137, 15 – 59（该文考察了法国转向总统制所带来的后果）。

我的第二个重要预设，涉及总统与总理对于他们各自不同的官僚现状的回应方式。在这个问题上，将我们所熟悉的美国与英国进行比较，依然具有深刻的启发意义。[151] 当曾经的在野党入主英国政府，新的首相"会任命大约一百名政府组成人员，以及少量的首相办公室的政策顾问与咨询人员。再有就是，每个内阁部长会雇佣一到两个政治顾问"。[152] 与之相对照，美国总统有权决定大约四千个职位的任命。[153] 可是，尽管总统在行使任命权的数量上具有压倒性优势，但首相（总理）对于高阶官僚却拥有更高的影响力。在以下比较宪法专家的必读文章中，政治学家特里·莫和迈克尔·考德威尔如是描述英国的情景：

> 英国确实拥有美国总统梦寐以求的体制。它围绕着两个

---

〔151〕 一个更精细的比较应当把德国包括在内，因为德国为议会制政府的主题提供了一个富于启发性的变体。与英国体制类似，德国内阁非常依赖其常任的文官系统；但是在德国，新当选的政府随时准备撤换高阶官僚，只要其发现后者在意识形态方面与本届政府不相协调，新政府甚至可以将公务员体系之外的人士任命为高级官员。汉斯乌利希·德林解释了该体系，并且对发生在 1969 年和 1982 年的两次重要的政党轮替中的实际运作进行了评估。See Hans-Ulrich Derlien, *Repercussions of Government Change on the Career Civil Service in West Germany: The Cases of 1969 and 1982*, 1 GOVERNANCE50 (1988). 最顶层的行政精英包括了大约一百五十个职位，参见 *id.* at 56 tbl.1，在两次政党轮替的余波中，官僚体系也经历了相当快速的转变，第一次政党轮替后很快有 49 项新的任命，第二次则伴随着 58 项新的任命。参见 *id.* at 63 tbl.6. 只有少数这类职位——分别为 10 个和 12 个——是由完全不属于公务员系统的人来担任，尽管新政府也可能会提拔少数那些以其他方式到达官僚体系顶层的公务人员。See *id.*

德国的进路对于不少读者来说可能非常有吸引力，这些读者对美国体制下的折腾与过分政治化深表惊愕，同时也对英国体制下的假装韦伯式的中立持批评态度。

〔152〕 FREEDMAN, *supra* note 54, at 151.

〔153〕 See James P. Pfiffner, *Strangers in a Strange Land: Orienting New Presidential Appointees, in* THE IN-AND-OUTERS: PRESIDENTIAL APPOINTEES AND TRANSIENT GOVERNMENT IN WASHINGTON141, 141 (G. Calvin Mackenzie ed., 1987) ["这一数字包括白官办公厅工作人员（200 人）、各部门与各机构的首长（15 – 25 人）、总统自选的非正式顾问团（400 – 500 人）、大使（150 人）。另外，各部门与各机构首长还可以任命高级管理岗位上的非职业文官（600 – 800 人），以及位于附表 C 位置的特别助理（1700 人）"]。

中央的机构：直接对首相负责的内阁办公室，以及在财政大臣（其政治地位在内阁中排名第二）领导下的财政部。在各司其职的过程中，这两个机构紧密团结在一起，它们的工作人员是拥有诚实、专业与中立能力之名的文官。尽管这两个机构规模不大，却掌握着整个官僚机构的大权。

偶尔有呼声说要针对这两个中央机构创设一些竞争性的机构，但这样的提议影响甚微。例如，1970 年设立了中央政策审查组，负责为首相提供一些替代性的信息来源，但是该机构很快就并入内阁办公室，并且在撒切尔政府时期最终被裁撤。首相不想更多运用这类机构的原因，被哈罗德·威尔逊首相一语道破："在内阁办公室，（首相）希望创设的任何机构都已经应有尽有。"[154]

英国最近的经验特别具有启发意义。玛格丽特·撒切尔上台时，对于高阶文官极其不信任。她将高阶文官视作其推行的新保守主义政策的潜在障碍。她对于文官提升事务的兴趣史无前例："尽管从图利保守党人的意义上来讲，'政治化'的指控在当时被驳回了，并且从我们的访谈来看也的确查无实据"，一个谨慎的英国研究评论说："但撒切尔确实特别照顾那些将其角色限定于对政府政策积极落实、毫无质疑的文官。"[155]实际上，作者认为撒切尔实在是过于成功了，以至

---

〔154〕 Moe & Caldwell, *supra* note 36, at 188（此处省略了引文中的注释）。

〔155〕 Graham K. Wilson & Anthony Barker, *The End of the Whitehall Model?*, W. EUR. POL., Oct. 1995, at 130, 137.

于高阶官僚"对政治人物青睐的政策作出的不屈不挠的、超然的批评的意愿已经荡然无存"。[156] 无论是福是祸，汉弗莱爵士在《是，大臣》中的形象已经不代表白厅未来的潮流。而反过来说，"如果我们认为现在宪法学教科书（对于职业文官与部长们的关系的描述）比它们过去所做的描述更接近现实，这也不足为奇"。[157]

类似的情况在美国并没有发生。无可否认的是，最近总统们为了扩张总统办事机构和管理及预算办公室的权力，进行着无休止的努力；总统希望从他们明显不信任的常设文官机构中的"外人"手中将重要的决定权拿走。[158] 与此同时，总统们大大增加其在常设官僚机构中的政治任命的数量。[159] 尽管已经如此大规模的政治化，总统仍无法期待那种类似于被英国同行视作理所当然的、对于（政府政策）专业化的执行。

请注意，如果总统被剥夺了将官僚机构予以政治化的权力，情况也不会变得更好。恰恰相反，他对官僚机构会几乎完全失控，因为可以预见到，国会的成员与相关利益团体绝不会加入这种单方面的"裁军计划"中。总统不但没能获得英国式的文官体制，反倒将其对于官僚机关的政治控制权拱手让给其在国会中的政治对手以及与他们结盟

---

[156]　*Id.* at 143.

[157]　*Id.* at 146 （alteration in original）（quoting Hugo Young with approval）.

[158]　Moe & Caldwell, *supra* note 36, at 190.

[159]　See PAUL C. LIGHT, THICKENING GOVERNMENT: FEDERAL HIERARCHY AND THE DIFFUSION OF ACCOUNTABILITY 7 – 13 （1995）. 作者明确指出：从 1960 到 1992 年，部长的数量从 10 个增加到 14 个，常务副部长的数量从 6 个增加到 21 个，次长的数量从 14 个增加到 32 个，副次长（副部长帮办）的数量从 9 个增加到 52 个，助理部长的数量从 81 个增加到 212 个，副助理部长（助理部长帮办）的数量从 77 个增加到 507 个…… *Id.* at 8.

的利益团体。[160]

实际上，总统政治化其行政机关的宪法权力已被广泛接受，甚至包括其最对立的敌人亦是如此。在之前几乎一代人的时间里，要么是共和党的总统与民主党控制的国会对抗，要么则是反过来。尽管来自国会的反对力量致力于各式各样的狙击行动，它依然允许总统通过任命越来越多的政治亲信来控制官僚结构的高层。所有卷入其中的人，都会将采用英国式进路斥为异想天开。鉴于国会对助理部长帮办们的无情打击，如果总统不是尽量安插**自己人**就位于这些行政上的防御体的话，他早就签发了行政机关的死亡执行令了。[161]

这种体制的代价当然很严重。我并不认为政务官要么是党棍，要么就是对政府运作的技巧毫无经验。相反，他们中的绝大多数都有相当的政府工作经验，其中很多人之前曾在政府机构工作并在其岗位上获得了政治任命。[162]但是，政务官的实际任期不够长，这令其工作很难

---

〔160〕 See Pablo T. Spiller & Santiago Urbiztondo, *Political Appointees vs. Career Civil Servants: A Multiple Principals Theory of Political Bureaucracies*, 10 EUR. J. POL. ECON. 465 (1994)（该文比较了总统制与议会制的体系，得出结论说：在总统制下，总统更喜欢短期任职的政务官，而非常任的文官）。

〔161〕 总统与国会（特别是国会各委员会）对联邦官僚机构的相关权力，乃是永远讨论不完的主题。相关争辩的简单总结及文献引用，参见 B. DAN WOOD & RICHARD W. WATERMAN, BUREAUCRATIC DYNAMICS: THE ROLE OF BUREAUCRACYIN A DEMOC-RACY 29－31 (1994). 伍德和沃特曼作出了一系列非常好的案例研究，不出所料，该研究提出总统与国会影响所造成的复杂的交互作用。See *id.* at 32－76.

〔162〕 从1964到1984年，大约80%的高阶被任命者先前都有在联邦政府任职的经验。See Carl Brauer, *Tenure, Turnover, and Postgovernment Employment Dends of Presidential Appointees*, in THE IN-AND-OUTERS, *supra* note 153, at 174, 177. 尽管有评论者断言近来高级行政官员的质量有所下降，但最近一个杰出的研究却得出结论说，上述论断缺乏基本的实证材料支持。See Joel D. Aberbach & Bert A. Rockman, In the Web of Politics: Three Decades of the U. S. Federal Executive, ch. 4, at 6－10 (1999)（unpublished manuscript, on file with the author）.

富有成效。政务官任期的中间值一度有所下降，目前大约为 2 年。[163] 其
中三分之一的人任职时间少于一年半！[164]

　　这些数据说明了一个尽管平淡无奇，但又相当令人担忧的状况。
大部分的被任命者都需要搬家到华盛顿，他们难免会为找住处、照顾
小孩和配偶等类似的烦心事而分心（或者频繁地往返于华盛顿和他们
的家乡）。[165] 由于被安排到同一机构任职的被任命者过去通常互相不
熟悉，所以他们就任的第一个月难免就用来了解彼此的偏好与习性。
而频繁的职位变动，让以上过程永不休止。其结果是，对前后连贯的
政策延续所必需的团队工作造成了重大破坏。[166]

---

〔163〕 从 1981 到 1991 年，需要参议院通过其任命的政府官员的任职时间的中间值为
2.1 年，内阁各部门的情况发生了重大逆转，但是"独立"机关的情况则变化不大。See
General Accounting Office, Fact Sheet, Political Appointees, Turnover Rates in Executive Schedule
Positions Requiring Senate Confirmation, GAO GDD‑94‑115, at 2‑3 (April 1994).
在最近的各个总统任期内：

总统	政务官在职时间（年）
约翰逊	2.8
尼克松	2.6
福特	1.9
卡特	2.5
里根	2.0

See Brauer, *supra* note 162, at 175.

〔164〕 See Brauer, *supra* note 162, at 175. 布劳尔的分析，源自全国公共行政学会关于从
1964 到 1984 年的总统任命的官员的研究。See *id.* at xvi.

〔165〕 在总统的任命者中，反映其个人生活有压力的百分比很大并且持续上升，从约翰
逊总统治下的 52% 上升到里根总统治下的 73%。See Dom Bonafede, *Presidential Appointees*:
The Human Dimension, *in* THE IN‑AND‑OUTERS, *supra* note 153, at 120, 138 tbl.6.3.

〔166〕 休·赫克洛解释说：在许多方面，最重要的不是个人的终身职位保障本身，而是
其行政关系持续的时间。那些在高位的人需要评估其下属的能力；下属需要了解上司的喜
好。相同科层级别的政务官需要了解每个人的长处与短处、做事的优先次序以及交流方式。
通常，建立这种工作关系的时机，甚至比掌握一项特定工作的时间间隔还要短促……在肯尼

更严重的是，一系列短期的任命造成政务官无可救药地关注短期政策，并且为了寻找新的万灵丹而不停地变换政策。以下是一个获得政治任命的职业文官对上述病态的描述：

> 我都不记得自己协助过多少个助理部长进入工作状态。你只是为此虚耗了大量的时间。总有一个规律，是一个新人履职，之后整个程序又重来一遍。于是你发现了一个政务官的经典案例：他希望一举成名，于是他将为自己确定一个黄金圣杯作为追求目标；然后他会倾其整个部门之力来追求那个黄金圣杯。18 个月后他离任了，一个新领导就任，而后者的黄金圣杯在另一个地方。"嘿，伙计们，所有人朝这个方向走。"[167]

短期效应、前后不连贯、变化无常：这些令人沮丧的管理形式被调查资料所证实，只有28%的高级文官认为政务官拥有"良好的管理技能"；很多政务官也同意这一观点，他们当中只有55%自认为是一个好的管理者。[168]

更严重的是，没有什么显著的办法可以让政务官延长其在政府中

————————————

迪、约翰逊、尼克松的行政团队中，几乎有2/3的次长与4/5的助理部长为同一个直接政治上级工作的时间仅为两年，甚至更少……HUGH HECLO, A GOVERNMENT OF STRANGERS 104 – 5 (1977). 我们有充分的理由可以认为，赫克洛在当下的行政体系中会发现，其工作关系的连续性甚至更加恶化了。

〔167〕 Brauer, *supra* note 162, at 178 – 79（这里引用了罗伯特·泰隆·霍尔的证词，他是常任文官，在卡特总统时期担任商务部助理部长，负责经济发展事务）。

〔168〕 See Aberbach & Rockman, *supva* note 162, at tbl.6 – 9.

任职的时间。从（政务官的）定义来看，他们就不能无限期地保留其职位，否则他们就成高阶文官了。于是很自然地，他们就会把其职位视为通向更稳定工作的跳板。同时，现在越来越少的政务官会为自己做一个小型的职业生涯计划并寻求在政府部门继续工作下去，例如先做两年助理部长，再升职做两年常务副部长。旋转门现在转得飞快，他们在政府才工作两年，就去私营部门工作了。[169]

这种经常性的变动随后就会带来新的问题。填补不时空缺的职位需要时间，根据美国审计总署对其所选取的 8 个主要政府机构所做的研究，这通常需要 6 到 20 个月的时间。[170] 在其职位悬而未决的时期，必须要作出的决议案在行政机关堆积如山，而代理官员正等着总统任命的政务官最终到任；等到的可能是一个重要的同僚，或者上级又宣告离职了。

雪上加霜的是，卸任的政务官不停地奔赴私营部门，这给总统造成了一个持续的问题：如何防止其亲信为了最大化离任后的收入而出卖他的项目。[171] 有一个简单的解决方案：设定职业伦理规则，禁止离任的政务官过于快速和明显地从因其职务所获得的社会关系中兑现好

---

〔169〕 从 1964 到 1984 年，只有不少于 10% 的政务官仍然在公共部门工作。See Linda L. Fisher, *Fifty Years of Presidential Appointments*, in THE IN-AND-OUTERS, *supra* note 153, at 1, 27; see also Brauer, *supra* note 162, at 182 ("对于总统任命的政务官来说，大致的规律是'进入政府，离开政府，之后再也不会回到政府'")。

〔170〕 1994 年，审计总署选择了 8 个机构，研究其从 1981 到 1991 年 10 年间的职位空缺情况，其中包括农业部、空军部、商务部、教育部、健康与公共服务部、海军部、国务院与环境保护署。See General Accounting Office, *supra* note 163, at 8 tbl. 3.

〔171〕 琳达·费希尔将这种状况总结如下："那么，政治任命在很大程度上不是在公务机关的长期职业生涯的王冠，而是在私营部门获得巨大经济回报的门票。"Fisher, *supra* note 169, at 29.

处。如果我们不考虑规避规则和不可避免地利用其中漏洞的可能性，这样的建议可以减少（尽管无法消除）政务官出卖总统的动机。[172]尽管如此，我们没有理由相信任何一位总统会尝试迅速作出彻底的变革。即便总统的政治亲信可能动机不良，但至少他们是由他所任命的官员；与自己人打交道，总比和那些看（总统）在国会的对手眼色行事的职业官僚打交道要强得多。

当然，如果已经通过自觉的选择去容忍这样的体制，那就是另一回事了。然而，或许是我们最具洞察力的评论家——休·赫克洛强调说：

> 没有任何我们可以获知的政府文件、重大辩论或者政府
> 备案的重要决议，可作为我们目前进进出出的（旋转门）体
> 制的基础。
>
> …………
>
> ……总统和他们的支持者们要处理当下的矛盾已经足够
> 麻烦了，他们无暇考虑任何更大的、将主要用于其后继者的
> 制度设计。国会与国会各委员会的成员，通过与行政分支中
> 与他们利益最直接相关的部门零敲碎打的交易，就可以轻而
> 易举地维持其优势。所谓进进出出的（旋转门）"体制"本
> 来就是一个误导性的术语，如果它意味着一个有意为之的设

---

[172] See G. Calvin Mackenzie, "*If You Want to Play, You've Got to Pay*": *Ethics Regulation and the Presidential Appointments System*, *1964－1984*, in THE IN-AND-OUTERS, *supra* note 153, at 77, 77－99.

计的话；它其实只是作为这种政治利益的微观算计的副产品

而产生的。[173]

这一混乱的状态可追溯到 1787 年制宪之时。当麦迪逊及其同道创建美国式的分权制时，他们对于之后绵延了两个世纪的病态格局一无所知。考虑到这一事实，在我们笼统地赞美美国式的将立法权予以划分的体制、将其推销到其他新兴民主体制国家之时，早就应该对我们的旋转门"体制"心怀疑虑。

2. 从宏观到微观

我之前一直在泛泛而论，努力阻挡集中的趋势，这并非不可动摇的模式。毫无疑问，一个对于政策制定的特定领域的近距离比较，将会发现更复杂的问题，并且带来很多亟需理论提炼的工作。不幸的是，比较公共行政并非成就斐然的领域，其中绝大多数出色的研究成果也没有聚焦在不同的宪法架构与分散的政策制定模式及其产出的关系上。不过，塞缪尔·亨廷顿的经典著作可以作为将来研究工作的典范。[174]

根据亨廷顿的研究，美国的分权制对于军队高级指挥官的专业品性具有深远的侵蚀性影响。为了理解其观点，我们可以考察在威斯敏斯特模式的政府之下，类似于美国参谋长联席会议这样的机构的运

---

〔173〕 Hugh Heclo, *The In-and-Outer System*: *A Critical Assessment*, *in* THE IN-AND-OUT-ERS, *supra* note 153, at 195, 196－97.

〔174〕 SAMUELP. HUNTINGTON, THE SOLDIER AND THE STATE 222－70, 400－28 (1957).

作。在这种立法权没有分立的体制之下，联席会议成员知道首相（总理）才是他们的老板，他们绝不可能面对首相的权力采取迂回战术，以讨好其在国会的对手。对他们来说，最大化其权威的最佳方式，就是他们的建议能够获得专业与公正的名声。其名声越佳，首相在驳回其建议之前就越会三思而行。

美国式的分权则产生了完全不同的激励机制。参谋长联席会议不仅可能会与国会相关委员勾结，将他们的方案强加给总统；在作出这种努力的同时，为确保那些能够动员其政治联盟的有用象征，他们可能还会牺牲其专业判断。

但是更糟的还在后面。总统不是笨蛋，他有充分的理由来采取措施以防止联席会议的背叛。在提名军方的领导到这类位置上时，总统首要的关注点是政治上的忠诚，而非专业上的卓越。追求上进的将军们可预料会特别注意并服从（总统的命令），以及利用他们闲暇的时光好好读读戴尔·卡内基的最新著作（研究人际关系），[175]而不是研究高科技形式下卡尔·冯·克劳塞维茨（军事理论家）的教诲。[176]

我并非军事领域的专家，所以只好把亨廷顿实质性的建议留给别人来评论。但是，他的书很好地说明了分权制对于政府运作的破坏性影响可能无处不在。严格地讲，因为很多案例研究的情景过于特定，以至于我们很容易就忽视了——其实在很多不同领域，都因为同样的

---

[175] DALE CARNEGIE, HOW TO WIN FRIENDS AND INFLUENCE PEOPLE (rev. ed. 1981).

[176] CARL VON CLAUSEWITZ, VOM KRIEGE (Ferd. Dummlers Verlag 1980).

结构性病理而遭受到损害。[177]

我并不是说美国式的分权造成功能性的专业化完全无法实现。偶然情况下，公共行政的政治化可能在**如此**长的时间里造成**如此**严重的后果，以至于它可能会导致有力的反作用，通过准宪法性的努力而将决策中心与日常的政治压力相隔离。一个典型的例子是联邦储备委员会，它是对一个世纪的悲喜剧般的对于货币供应超级政治化的不当管理的持续进步性的回应。[178]尽管美联储也有犯错的时候，但至少它认真对待事实，它的主席也不会两年一换，[179]而且它也不屈从于来自白宫或国会山的影响。美联储并非完全与政治影响隔绝，而且它也不应如此。但政治指导的影响应当是长期的：一系列新的任命会有深远的影响，而且如果美联储的表现长期不尽人意，国会和总统有权改变其治理规则。短期的专家意见受到更长期的政治监督的控制。

当然，我们有理由质疑，是否既有的混合已经是该政策领域最佳的选择。[180]但是这的确说明，只要情况足够严峻，美国式的体制完全**可以**打破其过度政治化的病态，并且积极地接受功能专业化的

---

[177] 关于将这种结构性病理归结于分权制对案例研究成果的提示性评论，参见 Moe & Caldwell, *supra* note 36, at 182-92.

[178] 这一19世纪的故事综合了以下多部作品的内容。See BRAY HAMMOND, BANKS AND POLITICS IN AMERICA (1957)（该书涵盖了内战前的时代）; JAMES LIVINGSTON, ORIGINS OF THE FEDERAL RESERVE SYSTEM: MONEY, CLASS, AND CORPORATE CAPITALISM, 1890-1913 (1986); IRWIN UNGER, THE GREENBACK ERA: A SOCIAL& POLITICALHISTORY OF AMERICAN FINANCE, 1865-1879 (1964).

[179] 从1981到1991年，美联储主席任职时间的中数是5.3年。See General Accounting Office, *supra* note 163, app. V at 30.

[180] 关于肯定中央银行独立性的价值的比较研究，参见 SYLVIA MAXFIELD, GATEKEEPERS OF GROWTH (1997).

逻辑。

至少在有的时候是如此。毕竟，美联储管理着巨额的货币，而在美国，巨额的金钱几乎是万能的。但是如果转到其他功能专业化可以带来巨大回报的政策领域，我们却找不到其他同样热情地接受分权制的例子。就这一点来说，环境规制是一个好的例子。很少有哪个领域如环境规制一般，其长期的视野与科学的知识对于明智的政策来说至关重要。但是这种功能上的必要性，并没有让政府认真地努力以鼓励专业决定的方式组建环境保护署。例如，卡萝尔·布劳纳之所以担任环保署署长，并非因为她长期从事该专业领域的工作并且成就斐然。她从36岁就担任该职务是因为她对阿尔·戈尔（副总统）忠心耿耿，[181]而比尔·克林顿总统并不特别想让自己的亲信掌管这个位置。是否要经历一两个世纪的不良管理之后，美国人才会为环境保护领域设计一个新的权力分立，使之达到这个领域的一般标准？

无可否认，对于官僚政治的批判深深地植入了美国人的精神。即使没有权力分立，绝大多数美国人也同样相信"学究们"（pointy heads）对于管理的艺术几乎没有什么建设性的贡献。最起码，通过鼓励将国家行政管理中的专业主义予以政治化，这样的体制必定加剧了本国的这种不可知论的倾向。

<hr />

[181] See Gwen Ifill, *Clinton Widens His Circle*, *Naming 4 Social Activists*, *N. Y.* TIMES, Dec. 12, 1992, at A1（该文将布劳纳描写成"副总统当选人阿尔·戈尔的女门徒"）。我在下文中，也记录了当前一些过分政治化的体制的病态状况，参见 ACKERMAN & HASSLER, *supra* note 140, at 26–58.

E. 分权主义与法治

但是，还有比前后连贯和专业的行政更岌岌可危的领域。美国式的分权对于法治本身也是重大的威胁。尽管宪法文本庄严地要求总统"确保法律被忠实地执行",[182] 可是总统在立法程序中的角色却造成了与之截然相反的动机。

当总统希望发起一项议案时，他有两个选项：向国会提出立法修正案，或者基于其既有的立法上的权力直接实施该修正案。在有些情况下，对于立法采取一定的策略，其代价可能相对容易接受。例如，当总统在全权的模式下工作时，他发现说服立法机关将其议案法制化为新的法律相当容易。但是，如果体制以僵局的模式运作，想要变更立法就可能代价极大，甚至完全不可能实现。

国会越多地挫败总统将其政治计划法律化的企图，总统就越有诱因通过将行政部门政治化来实现其目标，从而将纸面上的法律置之不理。无可否认，如果你以公正的态度去理解这些法律，那可能意味着总统的议案远远超过了其法律上的授权；可是既然其政治上的党羽控制着行政机关,[183] 总统就自然会鼓励他们歪曲法律，以实现行政部门的规划。

总理及其内阁从来不会遭遇这样的问题。从议会内阁制的定义来说，他们之所以掌权就是因为他们握有国会多数的支持。以我的术语

---

[182]　U. S. CONST. art. Ⅱ , § 3.

[183]　See *supra* p. 711.

来讲，他们绝不可能在僵局模式下执政，而总是处于全权的模式之下（唯一能够限制他们的，是由最高法院来贯彻的宪法的原则）。只要内阁愿意在公共舆论的法庭上为其议案辩护，它就可以推动其在国会通过。不过有的时候，当法案公之于众时，内阁可能会付出政治代价。执政党，或者执政联盟的重要成员可以容忍行政层级低能见度的行动，却会因政府提出了一个高调的动议而将其予以抛弃。但是，这种代价通常远远低于美国式体制下的僵局模式的状况。

进一步来说，在威斯敏斯特式的体制下，推动官僚机构超越其法律授权所付出的代价，远比在美国模式的政府下要大得多。正如我们所见，总理及其内阁面对的是一种完全不同的官僚机构。总统鼓励其遍布各处、短期任职的政治亲信们"创造性地"解读法律是一回事；对于总理来说，想要迫使那些常任文官打破其政治中立的职业伦理、玩弄法律于股掌之间，则是另一回事了。

简而言之，议会制下的激励结构看起来在"法治"天平的两面都表现得更好：修改法律的成本更低，通过官僚的命令违反法律的成本更高。于是，在美国模式下，对于法治的压力更大。证明完毕。

这种倾向于目无法纪的趋势，在不同层级的官僚机构中以不同的方式呈现出来。而其中最严重的情况发生在权力中心。环绕于白宫内外的总统党羽游走于（法治的）边缘，他们随时准备创造一种对总统的效忠高于法治的气氛。最近，水门事件与伊朗门事件的危机绝不仅仅意味着总统"确保法律被忠实执行"的责任令人遗憾地堕落了。[184]

---

〔184〕 U. S. CONST. art. Ⅱ, § 3.

它们是体制本身的系统性特征，在该体制下总统不得不在其周围安插大量亲信，以求能够有效地控制官僚机构。在总统与国会针锋相对的时期，有些总统的亲信会有动机对法律上下其手，这一点也不奇怪。[185] 在对付这种不时出现的危机时，（国会）采用弹劾总统作为威胁的手段显然是一把钝刀子。

我们有很多理由可以对政府的低层的病态状况持较为乐观的态度。正如我所证明的，总统安插在政府机构的亲信常常会有动机以超越其法律授权的方式落实新的治理规划。如果情况变得足够极端，这种行政越权常常有可能会被独立的司法机关根据美国行政程序法之类的规范予以矫正。

尽管存在司法审查的可能性，但我们仍然应当将独立选举的总统列为法治的头号敌人。尽管法官可能在一年、两年或者十年之后阻止最严重的总统权力滥用的情形，但这并不意味着这个体制下糟糕的官僚机制不是个大问题。

恰恰相反，一个好的解决方案应当是把美国式的行政程序法与代

---

〔185〕 对于水门事件以及随后总统有关权力滥用的相关作品，本书很难妄加评论。以下作品是一个有益的参考，参见 Ruth P, Morgan, *Nixon, Watergate, and the Study of the Presidency*, 26 PRESIDENTIAL STUD. Q. 217 (1996).

我的结构性分析与菲利普·库兰和阿伦·威尔达夫斯基在其作品中表现出来的关注最为接近。库兰公正地指出："在水门事件中，不是总统个人，而是总统职位本身出了问题。" PHILIP B. KURLAND, WATERGATE AND THE CONSTITUTION 170 (1978). 他强调说，水门事件中，最严重的违法越权者来自白宫办公厅，而该机构的"创设理由乃是让总统通过其来监督官僚机构的活动"。*Id.* at 177. 威尔达夫斯基同样主张，水门事件之所以会发生，部分源于总统为了维系其对官僚机构更大的控制所做的努力。See Aaron Wildavsky, *System Is to Politics as Morality Is to Man*; *A Sermon on Watergate and the Nixon Presidency*, in THEBELEAGUEREDPRESIDENCY 165, 173, 175–77 (1991). 威尔达夫斯基认为，（相对）独立的官僚"是保障我们自由的关键的平衡力量之一"。*Id.* at 179.

议制相结合，由此获得两个体制下最佳的制度选择。一方面，议会制降低了官僚机构对于法治的破坏程度；另一方面，美国式的司法审查机制可以进一步减少官僚机构对于法治的破坏。总而言之，这就是引导我将之前推荐的美国式的对官僚的规则制定进行司法审查，与我的有限议会制模式相结合的深层次原因。[186]

* * *

于是，我就得出了一个令人沮丧的结论。在众议院、参议院与总统之间的分权，不但造成了僵局时期的治理能力危机，而且在全权时期也造成面对宪法时钟的垂死挣扎。它不但妨碍了比例代表的原则，还助长了个人崇拜。对基于功能专业化原理的好的分权形式而言，它也有破坏作用。它不但没有促进对于政治责任与专业技能的创造性的宪法融合，反而将公共行政过度政治化，并且侵蚀了法治的原则。

我认为，美国式分权制的捍卫者现在必须回应我对其哲学前提所提出的挑战。那些捍卫者可能会从美国法律现实主义和批判法学派更偏激的作品中断章取义，来挑战所谓"对于法律进行公正解读"的理念本身，认为其缺乏前后一致的可能性。从这个观点来看，美国式的分权与法治之间不存在紧张关系，因为法治本身就是一个幻象。

同样，人们也可以通过另一种形式的简化主义来嘲笑官僚机构治理的正当性基础，即所谓"专家的神话"，由此解构了专业主义与美国式分权之间的紧张关系。在那些最极端的简化论者看来，肯尼迪学

----

〔186〕 我们可以回顾一下之前我讨论的规制的分支（discussed above on pages 696 to 697）.

院的院方居然为公共管理的学位收取惊人的学费，这简直是欺诈犯罪；根本就不应当有这个专业，因为没什么可教的。因为无论如何这都是政治，那些出入旋转门的政客利用其总统所批准的机制来轮流指挥官僚机构，这也没什么错。

然而，这些无疑是非常极端的看法。更让人忧虑的是，在主流的圈子中也有一个可以感觉到的趋势，即倾向于认为在公共行政领域，总统的政治化乃是一种惯例，而非例外。[187] 事实上，这一趋势也可作为我的假说的进一步例证：对于很多有思想的观察者来说，由美式分权制所导致的行政机构的过度政治化，令其严肃地思考替代性方案越来越困难。

---

〔187〕 有关对这一趋势的敏锐的讨论，参见 Lessig & Sunstein, *supra* note 12, at 99 – 101, and Peter L. Strauss, *From Expertise to Politics: The Transformation of American Rulemaking*, 11 WAKE FOREST L. REV. 745, 750 – 72 (1996).

Ⅲ

基本权利

我们已经从民主正当性（第一部分）与功能专业化（第二部分）的有利视角审视了分权制。我们第三个有利的视角，选择的是一个更加个人主义的观点。分权制在保障基本权利方面做得如何？

我将这个问题留到最后，因为它对于民选的政治人物的角色提出了最基本的挑战。尽管民主正当性的二元论原则否定了政治人物基于一次选举便可获得完整的立法授权，但它并不认为他们永远不能获得全权。它只是要求政治人物在僵局时期必须为前进而斗争，直到获得最终的胜利。同理，分权制下联邦制的例子并没有挑战民主的角色本身，只不过是追问：该如何安置不同类型的民选政治人物，才能够最大程度地优化他们彼此之间的关系。

基于同样的理由，功能专业化的原则假定政治人物可以合法地通过任何他们所青睐的法律。它转而关注的是他们难免会有如下倾向，即通过削弱中立的、经验丰富的行政机关的方式来达到其目标。其挑战是，法官与官僚所宣称的功能专业化的条件该如何确定其值得通过宪法予以保障、以预防政治人物可预见到的破坏法治的作为。

我所提出的基于基本权利的第三个原则单刀直入，设法对民选政治人物的立法权威施以最大的限制。我通过对施加其限制的两种不同的原理予以区别，来展开我的论述。如果我们用政治理论的透镜来观察它们的话，这两种原理其实是相当接近的。不过，这两种原理对于分权制而言有着不同的制度内涵，所以最好还是将它们分开讨论。

A. 民主的分支

基本权利的第一个原理源自民主的概念本身。一旦赢得了一次选举，立法权的多数就可能声名狼藉地寻求让自己免于下一次选举的挑战，其手段包括暂停选举、限制言论自由，或者玩弄选举法、在充斥着不满选民的选区做票。我们需要随时检视是否存在这种滥用权力的行为，这在宪法学界被广泛接受，对此我们要特别感谢约翰·伊利的贡献。[188] 但我们同样可以追问：是否我们应当将这种被伊利称之为代表性加固（representational reinforcement）的功能仅仅委托给宪法法院，或者是否这一任务的某些部分也值得由一个特别设置的政府分支来关注。

无论如何，这个问题源自以下事实：在世界各地普遍设置了一个

---

[188] See JOHN HART ELY, DEMOCRACY AND DISTRUST: A THEORY OF JUDICIAL REVIEW 1 – 104 (1980).

独立但非司法性质的机关，来监督整个选举过程的关键部分。这类机构的功能非常多种多样。有时候，它们根据人口分布的变化要求重新划分选区；[189] 也有时候，它们会尝试强制执行或者解释竞选资金法；[190] 在更多的时候，它们只是在选举日确保诚信地计票。[191]

我对于这种朝向独立的运动报以掌声。不幸的是，当权的政治人物并没有普遍接受这一理念。因为他们自己在选战中的安危尚不确定，这些政治人物绝不情愿将其对于选举过程的控制让渡给一个真正独立的机关。谁知道哪天他就需要一个朋友，为其不诚实地计票或者为一笔不合法的竞选捐款而设置保护伞？

正如美国选举资金委员会（American commission on campaign finance）的运作所展示的，这一趋势不仅在民主发展中国家是这样，即使在"民主发达"国家亦是如此。经历了水门事件的噩梦，国会创设了联邦选举委员会作为一个"独立"的机关，但是其组织架构在实质上导

---

[189] 就这一点而言，联合王国的做法特别具有启发意义；它对于任何形式的可能造成侵蚀议会主权风险的分权制都心怀敌意。但是，这种深深的敌意并没有妨碍英国将确定议会选区的职责交给"四个常设的边界委员会（Boundary Commission），分别管辖英格兰、苏格兰、威尔士和北爱尔兰"。COLIN TURPIN, BRITISH GOVERNMENT AND THE CONSTITUTION 418 (3d ed. 1995). 特平写道：这种委员会被特别设计，让其免于政治的压力。下院议长是这四个边界委员会的**当然主席**；尽管其并不参与各边界委员会的工作，但这四个委员会的独立地位则因下院议长的权威与中立性而得到增强。由一个高等法院法官（在苏格兰则是一个最高民事法院的法官）担任各委员会的副主席，并监督该委员会的工作。各委员会的另外两个成员由部长任命，但是，**根据众议院在 1958 年作出的一项保证，该任命总是在征求反对党意见之后方可决定**。Id.（着重号为笔者所加）。

[190] 美国联邦选举委员会提供了一个为大家所熟知的范例。See infra notes 192 – 195.

[191] 在互联网上，可以找到全世界超过 70 个选举委员会的网址链接。See National Election Commissions and Other Election Management Bodies（visited Sept. 7, 1999），http：//www.ifes.org/links.htm.

致了其管理的无效。[192]"在缺乏支持、资金短缺、几乎没有朋友的情况下……（这是）一个其管理决定被政客所中伤、被律师所奚落、被法院所推翻的机构。"[193]联邦选举委员会甚至无法说服最高法院，允许它在未征得总检察长（司法部副部长）同意的情况下提出调卷令申请，[194]这让其诉诸法院的可能取决于总统所任命的官员不受制衡的自由裁量。[195]

这一司法判决证明了传统分权主义思想的破产。如果我们假设，代表性加固的功能在传统的立法、行政、司法的三分法之下不容易找到一个归属。这对三分法来说岂不是更不妙了！一个对于分权制的更好的解读将会认识到，类似联邦选举委员会这样的机构应当被特别予

---

[192] See BROOKS JACKSON, BROKEN PROMISE: WHY THE FEDERAL ELECTION COMMISSION FAILED 1 – 2 (1990)（"问题是，作为一个执行者，联邦选举委员会从属于国会议员；而在国会的两个主要政党中，其中一个政党必然控制了该机构"）; Amanda S. La Forge, *The Toothless Tiger-Structural*, *Political and Legal Barriers to Effective FEC Enforcement*: *An Overview and Recommendations*, 10 ADMIN. L. J. AM. U. 351, 358 – 65 (1996). 联邦选举委员会有 6 个委员会，每个政党有 3 个名额，其投票的规则是要求一个有效的决议必须有 4 票以上赞成，两个政党由此都获得了否决权。"这一组织架构导致其可能是所有联邦机构中最软弱的。" JACKSON, *supra*, at 63.

[193] *Campaign Practices Reports*, CONG. Q. , Feb. II , 1985, at 1.

[194] See Federal Election Comm'n v. NRA Political Victory Fund, 513 U. S. 88, 99 (1994). 伦奎斯特首席大法官代表法院起草判决书，他承认：考虑到"由总统任命官员领导的司法部，可能会选择对总统本人所属政党成员的违法行为视而不见"，"我们有很好的政策理由，来赋予联邦选举委员会独立的提起诉讼权"。*Id.* at 95 – 96. 但是很显然，这些"政策理由"并不足以令法院通过解释模棱两可的法定条款，来支持该委员会试图独立于总统权力的努力。*Id.*

[195] See *generally* George F. Fraley 111, Note, *Is the Fox Watching the Henhouse*: *The Administration's Control of FEC Litigation Through the Solicitor General*, 9 ADMIN. L. J. AM. U. 1215 (1996)（该文为联邦选举委员会独立的提起诉讼权而辩护）; Alane Tempchin, Note, *Fall from Grace*: *Federal Election Commission v. NRA Political Victory Fund and the Demise of the FEC's Independent Litigating Authority*, 10 ADMIN. L. J. AM. U. 385 (1996)（该文探讨"胜利基金"对联邦选举委员会的影响）。

以正名，将其作为制衡体制独具特色的一个组成部分。

我们可称之为"民主的分支"。该分支的权力来源，理所当然应该是制宪会议所信奉的民主概念本身。关于公平程序，大众可能会自我满足于一个非常稀薄的观念：只要选举计票是诚信的，宪法对此所要求的一切就都满足了。或者制宪会议认为的民主的含义要丰富得多，它要求公平地划分国会议员的选区，并且保证在选战中财政资源分配的公平。不管（对于民主）主流的定义是什么，唯一符合情理的是，宪法能够提供一种机制确保民主的理念能得到持续的落实，预防在位的政治人物试图用各种手段恋栈不去以及对抗改选中民意的反转。

印度宪法为我们的研究提供了一个颇具启发意义的案例。[196] 它以明文设置了宪法委员会，[197] 并且有意识地采取措施确保民主的分支能够独立于党派的压力。[198] 例如选举委员会委员长并非由总理选派，而是由总统所选任（在议会制下，总统乃是一个受人尊敬的资深政治

---

[196] 另外两个重要的成功范例包括：①法国宪法委员会，在裁决选举争议方面拥有宪法所明确赋予的权力，在这方面其表现比国会做得好得多；而国会在第三与第四共和国宪法之下，作出过很多具有高度政党倾向性的裁决。参见 DOMINIQUE TURPIN, CONTENTIEUX CONSTITUTIONNEL 265 – 82 (1986)；John Bell, *Principles and Methods of Judicial Selection in France*, 61 S. CAL. L. REV. 1757, 1781 – 1792；以及②最近南非选举委员会的运作，该国新宪法第9条明文赋予其权力以坚实的宪法基础，参见 Joel D. Barkan, *African Elections in Comparative Perspective*, *in* ELECTIONS：PERSPECTIVES ON ESTABLISHING DEMOCRATIC PRACTICES 2, 17 – 18 (United Nations ed. , 1997).

[197] See INDIA CONST, art. 324.

[198] See THE FRAMING OF INDIA'S CONSTITUTION 459 – 60 (B. Shiva Rao ed. , 1968) (该书记录了制宪会议作出决定说："选举权应当被作为公民的基本权利，并且为了确保其自由地行使该权力，应当设立一个独立的组织来管控选举，该组织应免于地方的压力与政治影响").

家)。[199]选举委员会委员长任期 6 年，其薪资与特权等同于最高法院大法官，并且非经弹劾不得使之去职。[200]他领导着一个由 300 名官员组成的秘书处，该机构位于全国行政工作的中枢新德里。[201]尽管印度向来以腐败而闻名并且实至名归，[202]该委员会却成为确保选举程序运作可信度的关键力量。[203]

尽管该委员会也承担其他重要的工作，[204]但其核心的宪法功能

─────────────

〔199〕 在实务中，总统作出该项任命前会征求总理的意见，这种做法受到批评，因为它可能会威胁到委员长的中立性。See T. K. TOPE, CONSTITUTIONAL LAW OF INDIA 905 (2d ed. 1992).

〔200〕 See *Electoral Commission of India: Appointment & Tenure of Commissioners* (visited Sept. 9, 1999), http: //www. eci. gov. in/infoecilabout_ eci/index. htm. 只有在选举委员会委员长的建议之下，总统方可将委员会的另外两名委员免职。See TOPE, *supra note* 199, at 904.

〔201〕 See *Electoral Commission of India: Commission Secretariat & Election Machinery* (visited Sept. 9, 1999), http: //www. eci. gov. in/infoeci/ about_ eci/index. htm. 还需注意到："委员会秘书处有独立的预算，其预算在征得委员会与联邦财政部的同意后确定。财政部通常都会接受委员会对其自身预算的建议。" *Electoral Commission of India: Budget & Expenditure* (visited Sept. 9, 1999), http: //www. eci. gov. in/infoeci/ about_ eci/index. htm.

〔202〕 在透明国际的"全球清廉指数"中，该国位于世界上最腐败的国家之列，在 1998 年版的数据中，其排名位于这些国家中的后 25%。See Transparency International, *The Corruption Perceptions Index* (visited Sept. 15, 1999), http: //www. transparency. de/documents/ cpi/index. html.

〔203〕 对弗吉尼亚大学的沃尔特·豪泽教授来说，"就设立选举委员会来处理选举改革事务并监督选举程序而言，世界上没有哪个选举体制如印度那般精致。现任的选举委员会委员长比印度历史上任何人都更有力地推进了选举改革"。*Walter Hawser, Historian of Modern India* (visited Sept. 15, 1999), http: //minerva. acc. virginia. edu/ ~ soasia/newsletter/s_95/whi-view. html, (part one of a two-part series based on an interview with Leah Zahler on Feb. 21, 1995); see V. A. Pai Panandiker, Presentation at the National Endowment for Democracy's Conference on "India's Democracy at Fifty" (Sept. 24, 1998), *available at India's Democracy at Fifty* (visited Sept. 8, 1999), http: //www. ned. org/page_ 6/india/report. html#Session 1. 据潘纳迪克所说：选举体制随着选举委员会权力的提升而被赋予了新生。经过 1989 和 1991 年两次血腥的选举，大家普遍关注选举程序的问题。从此，选举委员会通过很多种方式来净化选举的程序。首先，它限制了选举的支出；其次，它确保选举结果不会被伪造或被操纵……

是针对联邦和邦议会的选举，"监督、指导与管控选民登记等准备工作，并组织所有的选举"。[205]与之相对照，联合王国目前正在考虑创设一个民主的分支，并授予其更富雄心的权力。作为其当下正在进行的引人注目的宪法革命的一部分，布莱尔政府明确支持创建一个独立的、有权威的选举委员会，并赋予其特别广泛的权力，包括对于政党捐款的规制，以及对于选举花费的限制：[206]

Id. 一项由发展中社会研究中心（CSDS）所做的关于印度人对待政府的态度的调查发现："他们更加相信选举委员会和司法机关，而非政治人物……" *Id.*《经济学人》最近的调查指出：一个选举委员会的研究发现，过去的两届国会中，在下院，一个议员平均有25%的机会能够连选连任。据位于德里的发展中社会研究中心的政治学家约根德拉·亚达夫所说，印度在1990年代经历了'第二次民主化高潮'。在这个阶段，贱民（之前所谓的不可接触者）和其他经济上与社会中的弱势群体参与投票以及其他形式的政治参与的人数激增。亚达夫先生说，印度可能是世界上唯一一个人民的社会阶层越低反而越乐于去投票的国家。*Creative Chaos-India's Democracy Is a Work in Progress*, THE ECONOMIST, May 22 - 28, 1999, at 16. 这种对于选举程序的信任的回归，是选举委员会运作成功的最佳证明。

〔204〕 选举委员会委员长 M. S. 吉尔，如是介绍委员会最近新兴的重点工作：选举的国家资助问题，相关的问题包括例如怎样减少政治选举中的非法资金，已引起我们的认真关注。由于印度的电视台和广播电台大多是国有的，该委员会已经在考虑建立一个公平的机制，在选战中为政党和候选人分配宣传的时间。由于这是免费的，这样的广播电视宣传时间也应被计入政府对于选举的非直接资助。考虑到根据规定选举的期间只有两到三个星期，每个国会选区大约有150万选民，因此广播媒体扮演着非常重要的角色。M. S. Gill, *India: Running the World's Biggest Elections*, J. DEMOCRACY, Jan. 1998, at 164, 167 - 68. In A. C. *Jose v. Sivan Pillai*, A. I. R. 1984 S. C. 921, 925. 印度最高法院解释说，宪法赋予委员会的权力乃是对国会立法的补充，而非替代。只要该裁决继续有效，选举委员会的扩张性措施就最终要受制于国会的拘束。

〔205〕 INDIA CONST. art. 324 (1). M. P. 贾因对该委员会的权力进行了更详细的记录。See M. P. JAIN, INDIAN CONSTITUTIONAL LAW 452 - 53 (4th ed. 1987).

〔206〕 See THE FUNDING OF POLITICAL PARTIES IN THE UNITED KINGDOM: THE GOVERNMENT'S PROPOSALS FOR LEGISLATION IN RESPONSE TO THE FIFTH REPORT OF THE COMMITTEE ON STANDARDS IN PUBLIC LIFE, 1999, Cmnd. 4413 〔hereinafter GOVERNMENT'S PROPOSALS〕（available at http://www.official-documents.co.uk/document/cm44/4413/4413-it.htm）. 政府的方案乃是基于由尼尔勋爵担任主席的委员会的建议。See STANDARDS IN PUBLIC LIFE: THE FUNDING OF POLITICAL PARTIES IN THE UNITED

选举委员会的功能对维系大众对于我们民主体制的信任至关重要。因此，关键在于该委员会完全独立于现任的政府，在与政党打交道时被视为在公平问题上一丝不苟。为确保能够如此，该委员会不能只是一个一般意义上的非政府部门的公共机构，而应当直接对国会负责。该法案为选举委员会成员的任命以及委员会预算的设置规定了独特的机制，有助于增强其独立地位。[207]

KINGDOM, 1998, Cmnd. 4057, at 4 – 6, 9 – 13 [hereinafter NEILL COMMITTEE REPORT] (available at http://www. officialdocuments. co. uk/docurnent/cm40/4057/4057. htm). 选举委员会将其授权总结如下：尼尔委员会建议设立独立的选举委员会，以监督有关选举经费使用的限制以及对于各政党（及第三党）的竞选资助。政府接受了这 建议……与尼尔委员会的建议相较，政府的方案赋予了选举委员会相对更广泛的职权，包括有责任增进民主程序中的参与性，经过一段时间后行使原来国会边界委员会的职能……根据尼尔委员会的建议，选举委员会还负责管理政党登记事宜。它还负责向国会政党（及第三党）接收应披露捐款的统计与报告，并负责调查其中与事实不一致之处（仅指尚未达到刑事指控程度的情况）。它还在报告选举与公民投票的进展状况，以及建议政府对法律作出必要的修改等方面扮演重要的角色。它将从内政部接管大量的职能，其建议对于政党、广播组织以及其他选举与公投事务的参与者具有普遍的参考意义。GOVERNMENT'S PROPOSALS, *supra*, at ch. 1, § 1. 8.

由于在英国实现诚信的计票并非严重的问题，政府也不建议变更既有的体制，于是新的委员会行使这项其他国家类似机构非常典型的核心职权。See *id.* at ch. 2, § 2. 14.

〔207〕 GOVERNMENT'S PROPOSALS, *supra* note 206, at ch. 2, § 2. 3. 预算独立的条款特别值得注意：

需要对选举委员会的预算设定予以安排，使之免于政府部长的控制，以进一步强化其独立地位。该委员会的预算案直接由议长委员会审查，对预算案作出其认为适当的修正，之后就提交给众议院……根据同一程序，议长委员会还要审批选举委员会起草的为期五年的业务计划。

……（议长）委员会由9名国会议员组成。其中3名成员是固定的，即内政事务特别委员会主席、内政部长以及一位负责英格兰地方政府事务的部长……其他6名成员则是由议长任命的下院议员，而且他们都不担任部长职务 [clause 2 (4)]。

为了保证在部长或部门监督缺位的情况下不会发生支出的失控，还建议该法案应正如之前所预期的，众议院对委员会成员予以特别任命，[208]其任期长达十年。[209]根据规定，要解除他们的职务必须基于法定的理由并且必须经过下院明确的同意，这进一步增强了其独立性。[210]

自始至终，美国联邦选举委员会的糟糕经验都是一个反面的先例。[211]作为世界上对分权主义的首要怀疑者，在固执己见长达两个世纪之后；英国是否会在其即将到来的复兴中，带头发展出新的分权制？

B. 保障基市权利

众所周知，在自由主义对于个人权利的要求中，对于自由与公正的选举的保障并非全部。尽管这个单一目标的实现在实践中远比大家想象的要困难，但它并非分权制的自由主义理论基础中的最高理想。从这个观点来看，民主选举产生的政治人物无权大幅度削减基本权

包含一些保障措施。在批准选举委员会的预算时，议长委员会应当对财政部的建议予以关注……

Id. at ch. 2, § § 2. 32－2. 34.

尽管议长是多数党的党员，但根据英国的宪法惯例，他（她）在传统上应当特别采取非党派的立场。

［208］ See *id*, at ch. 2, §2. 29. 此外，在作出任命之前，"首相被要求征求各政党领袖的意见，其中包括两个以上当时在任的下院议员"。*Id.*

［209］ See *id.* at ch. 2, §2. 30.

［210］ See *id.*

［211］ See, *e. g.*, Peter Riddell, *Balanced Package That Must Be Adopted Whole*, TIMES (London), Oct. 14, 1998, at 10 ("改革的彻底胜利要仰仗选举委员会对政党与选举的监督。但这样它就不得不展现出其独立性并显示出其威力，由此区别于华盛顿的联邦选举委员会")。

利；即便多数选民在经过冷静的思考后，一再投票支持他们压制人民基本权利的计划。

在西方传统中，这种坚强的自由主义模式经常会遭到一股民主思潮的挑战。对于强民主主义者来说，更重要的是坚持人民自决自治的权力，哪怕这会以个人基本权利的剥夺为代价。这其中的紧张关系对于所有研究宪法理论的学生来说都不陌生，我不应在这类理论分析领域再花力气，遑论得出什么结论。就本书而言，在（如我一般）[212]同意一部宪法应当通过保障基本权利来限制民主自治原则的运用的前提下，去讨论应该如何看待分权的问题，这就足够了。

并不意外，关键在于如何定义什么是"基本的"。

1. 放任自由主义

放任自由主义者假定现状为基本权利的实现提供了一个可以接受的底线，他们将过度有为的政府视作对自由的唯一的严重威胁。由此，只要同时涉及法院和官僚机关，放任自由主义者就会毫不犹豫地支持功能专业化的逻辑。

可是，一旦面对美国式或法国式的将立法权力予以划分的方案，放任自由主义者就有些犹豫了。一方面，他对该体制导致的政府僵局可能欢欣鼓舞。他相当享受被别人称为治理能力危机的部分。如果总统和国会将其时间耗费在为了政党利益互相揭露对方的性丑闻，或者为了政策的失败而彼此责难，那么至少他们就没有精力打

---

〔212〕 关于我的立场，参见 ACKERMAN, FOUNDATIONS, *supra* note 15, at 319 – 22, and ACKERMAN, SOCIAL JUSTICE, *supra* note 119, at 273 – 324.

破现状了。[213]

另一方面，自由放任主义的支持者可能对该体制的另一结构性特征极其恐惧。如我们所见，当分权制进入全权的模式，胜利者倾向于以非常危险的速度前进，而当其急于在下次选举到来之前固化其方案的时候，很可能会侵害基本权利。一旦他们将其侵害基本权利的议案固化为法律，即便他们侵害基本权利的计划在下次选举中导致反弹，要想再废除它们也不是那么容易。进一步来说，立法权的分立往往会破坏功能性分权的逻辑；因为它将法院与官僚机构过度政治化，由此威胁到公正地实现法治的可能。

于是就会常常发生林茨噩梦：对立的权力可能会以滕森总统攻击国会的方式，竭力解决其僵局问题，这会导致自由主义者最为恐惧的、真正意义上的独裁。

那么，对于自由放任主义者来说，最有希望的体制或者是有限议会制？[214]毕竟，该模式授权宪法法院通过司法审查的运用，来作为基

---

[213] 典型的自由放任主义的宪法思想家强调僵局的价值，而忽略了天平的另一端。See, e. g., JAMES M. BUCHANAN & GORDON TULLOCK, THE CALCULUS OF CONSENT: LOGICAL FOUNDATIONS OF CONSTITUTIONAL DEMOCRACY 233 – 48 (1967)（作者分析了两院制在维持现状、防止简单多数规则在现状的改变方面所起到的作用）；William H. Riker, *The Justification of Bicameralism*, 13 INT'L POL. SCI. REV. 101, 101 (1992)［"在传统自由主义看来，两院制的存在理由便在于它延缓了立法过程，为急剧的变化制造困难，迫使目光短浅的立法者三思而行，并由此最大程度地降低了政府行为的恣意与不公正。我的论证**理由当然**接受了这种传统的辩解理由，并且对其予以加强……"（着重为笔者所加）]。

[214] 但是，有限议会制有一个特点对于自由放任主义者来说相当难以接受。那就是它明确规定了公民投票权，这意味着可以通过一种有组织的方式直接征求民意。该权力的地位取决于特定的自由放任主义理论的细节；这类问题无法通过自由权利的概念本身来解决，其态度主要取决于特定理论对于大众主权的坚持程度。威廉·赖克的作品，可以说是代表了近来最强烈的对于公投及其类似设置的拒斥。See WILLIAM RIKER, LIBERALISM A-GAINST POPULISM 238 – 41 (1982).

本权利底线的守护者。虽然法院可能工作不力，但仅仅指望选民在下次大选时制止野心勃勃的独裁者们，这不是最明智的做法。如果这种诉诸民意的做法成功了，新的政府将处于如下地位，即它可将初期的暴政一扫而光，且不会遭遇任何美国式宪法下的制衡所产生的阻力。与此同时，有限议会制保证可以避免林茨噩梦，避免过度政治化的官僚机构对于法治的侵蚀，以及预防在全权模式下运作的分权政府独具特色的、不时发生的冒进。

的确，自由放任主义者会由此失去僵局模式给他们带来的保障。但是，与有限议会制的回报相较，也许其风险是值得的？

2. 积极自由主义：分配正义的分支

积极自由主义者回答这一问题的方式是，给天平放置不同的砝码。他们认识到（正如自由放任党人所无视的），在免于政府暴政的同时，公民可能正在被轻而易举地剥夺了他们与生俱来的权利，包括免于无知、免于贫困、免于偏见的权利。因为政府的无所作为可能会威胁到这些基本的利益，积极自由主义者对美国式的在总统与国会之间的分权所导致的体制性僵局，持相当负面的看法。

相反，他也不会认为有限议会制的模式是完全令人满意的。他的疑问与自由放任党人的疑问有很大差异。积极自由主义者绝不会歌颂立法僵局的价值，他所关注的是民选立法机关居然难以置信地容忍已经固化的非正义现状；他考虑对分权制进行一些新的运用，以作为潜在的补救措施。[215]

这个问题是一种恶性循环，在其中，不公正导致了政治上的弱势。因为民主体制下的政治人物所感兴趣的是赢得选举，他们早就注意到：通常很难动员这些无知、贫困与偏见的受害者参与有效的政治行动。事实上，马克思主义的一个最明显的错误是为我们提供了一个图景，在其中，市场那看不见的手奇迹般地引导无产阶级起来对该体制发动革命。

这一图景只是空中楼阁。尽管不时地，通过成功组织大众运动来争取社会正义被证明是可行的；但是通常，大部分政治人物为了最大化其连选连任的机会，还是更加重视富人与受过良好教育者的利益。如此明显的事实让积极自由主义者考虑对分权制的一种新的运用。在那些成功地动员了大众的难得时刻，他应该敦促创设一个"分配正义的分支"，以组织抵御那些可以预见的日常民主政治所带来的倒退。

不幸的是，传统的分权主义思想已经阻碍了这种建设性思考的可能性。根据这种三位一体的教条，值得讨论的政府分支只有被称为立法、行政与司法的这些又大又粗的对象；在这种为我们所熟知的框架之下，宪法所创设的对于经济与社会福利的所谓"积极权利"，就有变得徒劳无益的危险。因为穷人与缺乏教育者很少有资格卓有成效地表达其政治利益，民选的立法与行政机关常常对分配正义的宪法呼唤充耳不闻；这就使得宪法文本所赋予的"积极权利"的实现，完全取

---

[215] See ROBERTO MANGABEIRA UNGER, POLITICS: THE CENTRAL TEXTS 312 – 14 (1997)（作者描述了一种体制，在该体制下政府可以介入非正义的社会控制领域）。

决于司法机关温柔的怜悯。即便宪法法院有意认真对待这样的（宪法）文本保障，法官本身也缺乏补救的能力，因为要想将"积极权利"转化为社会现实，必须通过巨额的财政拨款。最终，宪法对于社会福利的"保障"，其价值还比不上那些书写着宪法文本的纸张（一文不值）。

更严重的是，法官在强制实现积极权利方面遭遇的失败，还会对他们保障传统消极自由的工作造成破坏。一旦宪法文本的某些部分被贬低为其立法目的纯粹是为表达一种期望，对于追求实际的法律家来说，这就很容易将保障个人权利的整个工作视为乌托邦而加以摒弃。在这样的情景下，将积极自由宪法化这一被积极自由主义者引以为豪的努力，在事实上却带来反效果，反而为大幅度放弃对自由权利的保障提供了合法化的依据。考虑到这样的危险，加入自由放任主义者的行列，将宪法的保障限缩于一系列合理的消极自由，对于积极自由主义者来说是否会更明智一些？

或许如此。[216] 但更有成果的做法是挑战传统的三位一体主义，是它形塑了迄今为止的这种辩论。对积极自由者来说，与其将积极权利的事务留给法院；不如创设一个"分配正义的分支"，用以解决切实落实（积极权利）的独特问题。首先，我们应当保障我们新分立出来的分支能够分得国内生产净值的一定份额。宪法应当正式规定，在其

---

[216] Compare Cass Sunstein, *Against Positive Rights: Why Social and Economic Rights Don't Belong in the Constitutions of Post-Communist Europe*, E. EUR. CONST. REV. , Winter 1993, at 35, 35 – 38, *with Herman Schwartz, Economic and Social Rights*, 8 *AM. U. J. INT'L L. & POL'Y* 551 (1993), *and* Herman Schwartz, *In Defense of Aiming High: Why Economic and Social Rights Belong in the New Post-Communist Constitutions of Europe*, E. EUR. CONST. REV. , Fall 1992, at 25.

他政府部门获得资金之前，一定百分比的国内生产净值应当归入这一分支。我们可以预知那些有钱有势的人会为国防、刑事司法以及其他的公共事业游说，但恐怕不会有人为那些根深蒂固的不公正的受害者会做出同样的投入。当然，这仅仅是第一步。我们如何确保该分支的成员不会中饱私囊，或者将资金挪作他用？

这一明显而现实的危险，应当警醒我们以一种更小心的进路来确定该分支的宪法使命。我们与其赋予其随心所欲的自由裁量权来提供复杂的物资与服务，不如为其设定有限的但基础性的工作，即为目标人群提供最低限度的现金补助。作出这种限定的原因值得慎重考虑，但还有其他和这个同样重要的事情。

大体来说，我们在方案设计上取得了很大的成功，例如社会安全退休金，它在公平的基础上支付了大量的现金补助。[217] 相比之下，政府在为不公正的受害者所提供的关键服务方面所取得的成功，就有些参差不齐了。如果我们让这一分支充分独立于政治人物的日常掌控，基于谨慎的考量，就应当专注于那些在过去已被功能上分立的官僚机构可靠的完成了的工作；这样的工作在账目上与行政管理上，可以非

---

〔217〕 尽管退休金制度是大家最熟悉的例子；实际上，现金补助体系也被用于更具雄心的计划，以挑战机会不平等的问题，该问题日益侵蚀了后工业化社会的政治合法性。See BRUCE ACKERMAN & ANNE ALSTOTT, THE STAKEHOLDER SOCIETY 4 –5, 8 –12 (1999) (作者声称，在美国社会现金补助体系能够让公民获得更大的经济与社会支撑)；PHILIPPE VAN PARIJIS, REAL FREEDOM FOR ALL: WHAT (IF ANYTHING) CAN JUSTIFY CAPITAL-ISM? 32 –35 (1995) (作者建议政府向社会每一位成员支付"基本的收入")。本书并不适合考量特定方案的优点，仅仅给出如下附条件的结论就够了：对于积极地运用现金补助来矫正由自由市场体制所带来的残酷不公的严重依赖的合理性越强，就越能证明为分配正义的分支设置在宪法上的基础是合乎逻辑的。

常容易地交由中立的专家组成的委员会来评估。[218]我并不认为积极自由主义的宪法应当对关键的福利条款（如教育与医疗）无动于衷。但是，考虑到官僚机构很容易在这类工作中被指责脱离了正轨，将它们置于日常的政治监督之下是唯一明智的做法。与之相对，设计一个独立的分支来负责可靠的给付现金补助，应当没有过分挑战我们的制度想象力。尽管现金无法解决无知、贫困与偏见所导致的全部问题，但有总比没有强。分配正义的分支能够可靠地践行其宪法对于社会正义的承诺，这将极大地增强整个体制的正当性。

即便对以可靠的方式行使其职能的分支来说，为了实现一个合理的公正社会，对其提出的要求也会更多。但是其间存在的巨大缺口，则反映了自由主义的分权原则就像其他的法律技术一样，具有严重的局限性。在推动创设致力于民主权力和分配正义的权力分支的同时，积极自由主义者绝不会否认民主政治（原则一）与功能专业化（原则二）的核心重要性。他们只是建议说，基于自由民主政府复合的理想，我们应当建立一个更好的架构去遵循三个原则而非两个原则。

---

[218] 罗伯托·昂格尔对此持不同观点。See ROBERTO MANGABEIRA UNGER, WHAT SHOULD LEGAL ANALYSIS BECOME? 3–33（1996）（他建议运用结构复杂的强制执行手段来保障弱势的少数族群）。基于美国的司法实践，昂格尔授权给一个权力分支赋予其更具雄心的职能，以便在一些极其恶劣的案例中挑战甚至根除对弱者的体制性宰制。See id.

我并不否认对于道德破产的体制应予以类似的干预，但是基于我在本书中提出的理由，我的问题在于这些干预以及相关体制免于国会与宪法法院控制的程度。

Ⅳ

新分权的架构

　　本书是对一个宏大主题的解释性札记，如果能推动大家从麦迪逊与孟德斯鸠的仪式性符咒中解脱出来，它的目的就达到了。权力分立是一个好主意，但没有理由认为这些经典作者已经将分权制设计得尽善尽美。事实恰恰相反。当我们逐一考察分权制的三个基本原理，就会发现有足够多的理由来质疑既有的美国式的智慧。

　　我已经一次一个地逐一提出我的质疑，同时并不认为我所有修正性的建议必须同时成立或者同时都不成立。毫无疑问，在我的观点中有的比其他的更合理一些，而且它们可以通过不同的方式与其他倡议相混合、相配合。在初始的阶段，明智的做法是以零售而非打包的方式来运作，让新的整体认知从各部分的加总中浮现出来，并且经得起大众的审查。

　　如上所言，一个独具特色的模式已经显现。在我提出的有限议会制模式的核心部分，是一个民主选举产生的国会（第一院），它负责组织政府与通过一般性的立法。核心的权力受到一系列有着特殊使命的分支的制衡，其中每个分支乃是基于一个、两个或三个与分权制相关的基本原理而设置。

从民主正当性的角度来看，这个核心受到之前人民通过分阶段公民投票的方式而作出的决议的限制，这些决议可以通过宪法法院予以落实。它同时还要受到居于次位的代表各邦的参议院，或者由全国普选产生的、更有权威的第二院的制衡。

从功能专业化的角度来看，这个核心不仅受到一个独立的法院系统的限制，而且还受到一个廉政的分支针对其腐败与滥权问题而进行的审查。与此同时，还有一个规制的分支，它要求官僚机构必须说明其附带性立法确实能够改进那些由"看不见的手"所带来的问题。

从自由权利的角度来说，这个核心受到民主分支的限制，该分支致力于保障每个公民的参与权；而分配正义的分支则特别关注那些几乎完全无法通过政治的途径维护其权利的公民，对其提供最低限度的经济补助；而宪法法院则保障所有人的基本人权。

第一眼看上去，这好像是一个特别复杂的结构。但是，这个初步印象或许仅仅是源于这个规划的新颖性？毕竟，美国的体制（至少）包括了5个分支：众议院、参议院、总统、法院，以及例如联邦储备委员会这样的独立机构。其复杂性是与美国联邦制下令人困惑的制度运行机制相协调的。关键的问题不是复杂性，而是我们美国人的权力划分是否合理。

事实上，美国式分权制的一个重要意义，是它产生了一个与我提出的有限议会制模式相较，更为复杂的制度模式。通过在总统、众议院、参议院之间划分权力，麦迪逊模式不但引发了一系列的立法病态，还破坏了专业公共行政的前后连贯性。与之相反，我的模式划分出了大量特殊的职能，并使之免于国会的直接控制，这样就避免了美国体制下无所不在的官僚机构不连贯性的特质。当然，总会有一种观点认为，大量约束性的分支本身会导致病态的机制变得日益严重。但同样不是也有很多理由可以证明，一个明智的现代政府可以将权力在仅仅三个或四个分支间进行划分吗？

而且，这样的对话仅仅是一个开始！

* * *

但是，这样的对话值得继续下去吗？我预见到，对此会有各种各样的怀疑。历史学家会坚持说，在对于民族及其精神缺乏深刻理解的情况下，我这种抽象出来的宪法工程学模式毫无意义。经济决定论者会坚称我是在与副现象打太极拳，宪法专家应当将注意力集中在阶级结构的内部机制，或者世界经济体制主流的必然趋势。

如此等等，不一而足。

我依然固执己见。请注意，这并不是说民族及其精神无关紧要。有的社会是如此的分裂，以至于要想通过宪法工程学来予以补救无异于痴人说梦。在任何情况下，宪法工程学都必须与文化敏感性、经济现实主义相整合。例如，我并不认为我的论证能够说服美国人放弃他们将权力在众议院、参议院与总统之间划分的历史允诺。尽管美国的历史充斥着僵局与全权的病态状况，但这样的分权如今已成为我们的第二天性。我们发现，把当下的模式换个新的会特别困难，可是我们能够预知，在下一个美国的世纪，某种令人难以忍受的重新审视不会强加在我们头上吗？[219]

就目前而言，更重要的是应认识到，就其熟知的分权模式而言，美国相对良性的经验的确是一个例外。尽管我们当下拥有军事与文化霸权，在我们将美国体制作为理想模式推广到全世界的新兴民主国家时，还是应当三思而行。而这样的推广看起来仍在进行当中："在1980年代和1990年代，所有拉丁美洲和亚洲（韩国和菲律宾）新兴民主体制都选择了纯粹的总统制……在东欧和苏联地区的约25个国家中，只有3个——匈牙利、新捷克共和国、斯洛伐克——选择了纯粹的议会制。"[220]

对于当前的这种发展，我们与其将它赞誉为由孟德斯鸠与美国国父们率先发现的永恒真理的当代证据，不如报之以焦虑的关注。北美模式曾经在19世纪的拉丁美洲带来灾难性的经历，我们是不是已经

---

[219] 詹姆士·L.桑德奎斯特曾经写了一篇经过深思熟虑的改良主义的文章。See JAMES L. SUNDQUIST, CONSTITUTIONAL REFORM AND EFFECTIVE GOVERNMENT (1992). 他并没有打算将现存的体制彻底废除，而是提出一系列零碎的、渐进式的改革方案，这可以代表对当下体制之病态的一个典型的回应方式。See id. at 18–20, 322–34.

[220] Alfred Stepan & Cindy Skach, *Presidentialism and Parliamentarism in Comparative Perspective*, in 1 THE FAILURE OF PRESIDENTIAL DEMOCRACY, supra note 19, at 119, 120. 当然，有很多种不同的方式把独立的总统职位嵌入政府的安排当中，而其中有的方式比其他的更加有害。See generally MATTHEW SOBERG SHUGART & JOHN M. CAREY, PRESIDENTS AND ASSEMBLIES: CONSTITUTIONAL DESIGN AND ELECTORAL DYNAMICS (1992) (作者探讨并比较了嵌入总统权的各种方法与模式)。而且，东欧新兴民主国家赋予其总统相对较少的正式权力，在这一点上它们与苏联国家明显不同。尽管如此，最近对于东欧的一项研究认为，"与西欧国家相较，东欧国家的总统是一个其影响力要大得多的政治人物，这样的情况应该会持续一段时间"。Thomas Baylis, East Central European Presidents Ten Years On, Address at the 1999 Annual Meeting of the American Political Science Association (Sept. 1999) (这里省略了原文的着重号)。

启动了新一轮的灾难，只不过这次是在全球范围内？

在出口我们独特的制度体系时，我们应保持克制；反过来，美国人在设想新的分权模式时，应当大胆创新。在应对现代的三大挑战方面，我们还仅仅处于初级阶段：在现代政府中，把人民主权的理想变为可信的现实；在一个持续前进的基础上，落实官僚机构专业与正直的理念；为每个公民提供自我发展所必需的基本资源，以保障其基本自由权利的实现。我们礼赞孟德斯鸠与麦迪逊的最佳方式，就是探寻新的宪政模式，以征服这些挑战，哪怕这会以改变我们熟悉的三位一体配置为代价。

别了，孟德斯鸠（代结语）

我们必须建构一个新的框架，才能在比较行政法的领域大有所为。将普通法系与大陆法系进行传统意义的比较，这种研究毫无前途可言：无论这种比较在私法领域有何价值，它都无法彰显行政法独有的特色。我们熟悉的比较刑事诉讼程序领域的研究模式亦是如此（Damaška 1986）。

基于特定国家经验所建立的模型有其价值。法国最高行政法院对不少国家都有影响；德国行政法院体系亦然。但是在 21 世纪，我们需要更广阔的架构，方能带来全球范围有序的比较，以利于对发展中的可借鉴经验的规范反思。

这就要求我们果断地超越孟德斯鸠关于分权问题的思考（Montesquieu 1989）。除此之外，没有哪个领域的学术探索被单独一个思想家所主宰，遑论一位 18 世纪的思想家。不管他可能曾经多么伟大，孟德斯鸠对政党、民主政治、现代宪法设计、当代的官僚技术以及现代规制国家与众不同的抱负都没有一星半点的暗示。我们盲目追随他，假设所有这一切的复杂问题都可以被他三位一体的、将权力分立为立法、司法与行政的思想所完全囊括；而行政法则以某种方式归属于三权中的最后一个分支（行政权）。

我们应对孟德斯鸠给予恰当的评价。与亚里士多德的混合政府理论相较，他的理论代表了根本的进步。在之前的架构下，每个政府分支代表了不同的社会阶级：例如英国下院代表了平民，上院代表了贵族，而国王则是所有人至高无上的老板（Vile 1967）。

孟德斯鸠否定了这种基于阶级划分的理论。他是根据政府不同的功能来划分其分支机构的。他追随洛克并转向功能主义的路径，后者同样采用分权的方法，将政府的三种功能予以区分。但洛克的三权与孟德斯鸠的有所不同：他把司法权归入行政权的范畴，填补司法权作为三权之一位置的是处理外交关系的"联盟权"，他将立法权、行政权、联盟权三者分立（Locke 1987）。由于孟德斯鸠本人是法官，[1]所以他认为在法国君主制下对司法独立的强调具有特别重大的意义，但是他也由此牺牲掉了洛克抽象出来的"国家外交权"这一独特的功能。三位一体的理念在 18 世纪是如此无法抗拒，以至于孟德斯鸠无法在其理论框架中容忍四权分立，于是他划分出今天经典的三权：立法、行政、司法。

时间已经过了大约三个世纪，早就应该反思孟德斯鸠的圣三位一体了。尽管其处于怎样经典地位，它同时也让我们无视全球范围内新

---

[1] 从技术上讲，孟德斯鸠是波尔多巴列门的院长，将该机构称法院有点儿过度简单化了。但是该巴列门的司法功能，的确对法国王权绝对主义的野心提供了重要的制衡。

的政府模式的兴起，这些模式无法被简单分类为立法、司法和行政。虽然这些实际运作中的独特模式不符合经典的三位一体教条，但这些在功能上独立的新机构在现代政府中扮演着越来越重要的作用。在 21 世纪，已经出现了一个"新分权"的模式。我们要想把握其独特的元素，就必须发展一套新的概念框架——这其中包含了五权或者六权——甚至更多。我们必须跟孟德斯鸠最后说一声再见，因应现代政府的挑战来打造比较行政法的新基础。

只要观察 21 世纪正在发生的变化，就能明白我的观点：我们能够将世界范围的新趋势视作与政府的立法、行政、司法分支的特定功能不相干吗？如果真是这样，那新发展出来的政府机构算什么呢？

首先，以雨后春笋般出现于世界各地的独立选举委员会为例。它们应该归为三权中的哪一权呢？法院有时也会行使审查选举公正性的功能，例如法国的宪法委员会（Turpin 1986：265 - 82）。但更常见的情况是，这类专门的选举事务机构完全独立于普通司法体系或政治机构。如此安排有其充分的理由。一方面其意义在于，独立的选举委员会可以自始至终地管控整个选举过程，而不像法院那样只能事后救济、确定是否有选举舞弊行为的发生。同时，将选举委员会的工作与各个政治机构相隔离是极其重要的，因为掌握行政分支的现任政治人物有明显的动机与权力来操纵计票（"做票"）以确保其再度当选。基于以上理由，现代宪法逐渐将选举委员会作为政府的一个独立分支，采用如此特别的安排来确保其公正性。即使有些国家的宪法没有明文正式保障选举委员会的独立性，但通常也会通过制定法以一种非常规的方式来确保其免于政治干扰（Ackerman 2000：716 – 21）。

我们以选举委员会为例，采用四阶段的分析来评估独立机构在新分权中的正当地位。第一步包括了对基本政府价值的鉴别：在本案例中，提议设立选举委员会的人士用"民主"这一价值来正当化其机构的独立性。第二步要求提议者解释为什么他们青睐的价值要求该机构得到宪法的特别保护以防止外部势力的影响。在这里，独立委员会的拥护者提出所谓"由狐狸看守鸡舍"这一显而易见的风险——现任政治人物很可能通过操纵计票而让自己连任。对于机构独立的第三项鉴别指标，这会激励"新分立出来的权力"更好地完成工作。反过来，由对制度设计的重视推导出的第四项也是最后一项鉴别标准——比较实证分析。例如，在一个以大规模的腐败和无效率著称的官僚体系中，为什么印度选举委员会在确保准确计票方面却做得相当好（Ackerman 2000：718 – 21）？从最近墨西哥选举委员会在处理 2006 年总统竞选争议时不尽人意的表现中，我们能得到什么教训（Ackerman 2010）？如此等等。

以这些比较研究为基础，学者可以为更佳的制度设计作出贡献，并引发对不同宪法体系下独特缺陷的批判性的探究。例如，我们也可以反思 2000 年布什与戈尔不体面的选举争端。美国体制在解决该争端时的表现是如此之差，孟德斯鸠本人对此也应负一定责任。由于美国传统上固执于孟德斯鸠圣三位一体的经典模式，对于竞选各方来说，毫无疑问，选举的管理机构只是行政分支的普通部门而已。当然，它既非立法权也非司法权，最终只能属于唯一剩下的权力分支

（行政权）。因此，投票的管理权一定属于行政分支。如果你以为还有第四权，那你一定不是美国人，对吗？

这种不假思索的三分法容许佛罗里达行政机关卷入政治把戏，由其来监督整个管理流程，由此布什最终被宣称"胜选"。美国亟需一个独立的选举委员会，但却无法设立，除非它能从孟德斯鸠的迷梦中醒来，加入今天席卷全世界的朝向新分权的运动。正如我们所看到的，设立独立选举委员会的理由极其有吸引力；其吸引力大到多数国家都将其理念变为实践。为什么美国就不关注呢？

另一个席卷全球的趋势，则表明我曾经大致勾画过的第四步的分析框架可能适用的范围。我们以过去半个世纪以来大量中央银行趋于独立化为例（Kleineman 2001）。中央银行与选举委员会看起来在本质上多有不同；但是分析起来，它们提出的是同样的问题。我们从确定至关紧要的基本价值开始。就中央银行而言，首要的价值当然不是民主；而是所谓的新古典自由主义（neo-liberal）的经济理论，它特别强调货币供应免于短线的政治操作的重要性，并坚信经济科学为技术官僚规制关键的宏观变量提供了技高一筹的分析工具。如前所述，我们的第一个任务是评估在新古典自由主义经济哲学的相关价值判断；第二项工作是其所声称的政治激励：是否现任官员有反向激励去操控货币供应以赢取选票、获得连任？第三项工作是考察关于独立机关不同的制度设计：美国联邦储备委员会与英国中央银行在设计上有何不同？最后，我们需要扩大实证工作，以确定在实践中不同的设计效果如何。

我还曾经考察过各国在其他领域的新分权（Ackerman 2000）。但是，眼下关注几个显著的问题就够了。一是协调的问题：我们在传统的政治与司法机关之外设立的独立分支越多，让数目增加的各权力分支协调一致的难度就越大。二是民主正当性的问题：如果我们在令众多的独立分支免于政治控制的道路上走得过远，我们就可能会由此剥夺了民主程序的核心价值——人民选举产生的代表任凭中央银行，或其他独立于其直接掌控的机关摆布。

这两个问题让我们在创制新的独立权力中心时必须谨慎。但是，这也并不意味着创设新的独立权力永远都不合理。相反，它们提供了一条审慎的路径：我们应当秉持这一策略，在那些常规政治激励极其有害无益且制度规划设计又非常严密的情况下，维系政府最基本的价值，如果可能的话最好再经过实证检验。简而言之，新权力中心的构建需要大量复杂的、因时因地而宜的判断。

只有一件事非常明确：如果我们自满于不断重复孟德斯鸠的真言，我们在作上述判断时必将一无所得。相反，我们必须修正孟德斯鸠的教条，关注独立机关承担越来越重要功能的制度世界，尽管这些机关无法被归类为立法、司法和行政分支。

所谓的圣三位一体还有第二个缺陷，它怂恿我们对议会制与总统制政体下控制行政运作的不同机制视而不见。就形式而言，当用法律术语来描述权力分立时，孟德斯鸠主义者很容易忽视上述机制的差异。从这个标准来看，总统与总理（首相）都是行政分支的首脑，因此也就同时是公共行政的负责人。

但是，严肃的比较研究必须超越这种形式上的类比。总理及其内阁的确垄断性地控制了文官机构；但总统则必须与独立选举产生的国会竞争文官机构的控制权。立法机关的领袖有其特有的手段让文官机构服从其指挥：这其中最重要的武器是威胁这些机关，如果不以国会的当务之急为念的话，则会削减该机关的预算资金。为了抵消这种威胁，总统任命其政治亲信担任行政机关的高层。以奥巴马总统为例，在他的新政府开始全面运作之前，他已任命了约三千名官员（Lewis 2008：56）。

总统希望通过让忠心耿耿的人掌权，来确保各部及其他联邦机构能够充分运用其裁量权急总统之所急，而非为其在立法机关中的政治对手服务。但是，总统的上述手段并不能确保他可以全面地掌控行政管理权，以达到议会制下的总理那样的程度。在孟德斯鸠的构想中，总统是行政首长（chief executives），比较法学家却冒着风险忽略了这个关键点。

总统与立法机关冲突的协调，乃是由不同的宪政体制下特定的规则与架构来实现。如果总统的人事任命权必须取得国会的同意，总统就很难通过任命死忠于他的人来全面掌控文官机构。同样，在不同的体制下，国会对预算的控制程度也有所不同。当我们研究不同的宪政体制对总统与国会竞逐文官机构控制权有何影响时，这一切都为比较研究提供了丰富的素材。

这些有趣的差异不应该湮没其共同的主题：总统制刺激了文官机构的政治化，总统在与国会的斗争中持续把政治亲信安插到关键的管理岗位，这导致职业文官在官僚体系中降为二等。

这一基本机制也引发了关键的规范问题。简单地讲，文官领导岗位的政治化将导致对法治的严重挑战。但凡有利于其主子的政治利益，总统的亲信就会有极大的动力去忽略相关法律。总统制下的行政法应该特别设计，以应对这一威胁。这一法治的方略在不同的地方可以用不同的方式来落实，而且大大依赖于特定的行政架构，而非仅仅依靠法院。

在各种制度性方略的优劣比较方面，比较法对拓宽我们的视野起着关键的作用。

除了这些重要的制度设计问题外，还隐藏着一个更大的问题：在任何一种总统制政体下，其参与者是否意识到其中特别严重的法治缺陷？就美国而言，答案是否定的。被普遍接受的谢弗林原则（*Chevron doctrine*）为司法权对行政裁量的大体尊重提供了正当化的基础，同时也为政治性的滥用代理机关自由裁量权大开方便之门。[2]

议会制下的官僚体系运行机制，则可能导致另一种类型的权力滥用。总理及其内阁成员本身就是国会多数党的领袖，他们对立法权的直接控制消除了权力分支之间的纷争，而这种纷争也是造成总统制下文官机构政治化的原因。由于总理确保拥有对文官机构的政治垄断，他对专业的公务员系统可能有完全不同的观念。他不用担心文官机构会屈从于国会大佬的压力。相反，他把文官资源视为确保其在政治斗争中求生的关键资源。毕竟，职业官僚们对以上基本问题亦能深刻地

---

〔2〕 See *Chevron*, *Inc. v. Natural Resources Defense Council*, 467 US 837（1984）．对于法院来说，说它们会尊重行政决定是一回事，而在具体案件中它们真的会尊重则完全是另一回事。埃斯克里奇和贝尔对其中的落差进行了探究。

领会，如同他们对文官机构的现实性与可能性的把握。只要总理设法激发文官机构的活力，他们就能协助总理兑现其政治承诺，以提高其在下一次选举中获胜的可能性。从这个角度来说，政治领袖有充分的理由支持高度专业化的公务服务。公务员系统的表现越好，政治领袖获胜的可能性就越大。

这种政治机制也并非是绝对的。总理也可能向文官机构安插亲信，并滥用其对国会的控制，以消弭对其任人唯亲行为的批评。任人唯亲最大化了短期的政治支持，由此忽视了专业化长远的政治好处。不过，强大的公务员体系一旦建立，议会制的政治逻辑通常会维系这一专业化的传统，如英国、德国、意大利、法国第三与第四共和国，这些都是很好的例证。

这意味着议会制产生了与众不同的行政病理。尽管公务员系统在总统制下倾向于过分软弱，但其在议会制下又有过于强大的风险。总理总是会来来去去，而职业官僚则可能在位数十年，他们甚至可以利用其对专业的垄断，将有名无实的政务首长玩弄于股掌之间。一个强大的公务员体系也可能对公共意见的大潮视而不见，即使其行为变得独裁、愚蠢或糟糕也不以为意。事实上，官僚机构也可以毫不理会学者研究的最新发展，而固执于其既有的实践与政策，而这些实践与政策在严肃的学术圈早已被视为落伍。而守口如瓶的职业文化，则在一定程度上加剧了这些官僚机构的僵化。

这导致另一种类型的规范挑战。在议会制下，行政法改革应该注重官僚体系对重大社会与政治环境的敏感度。首先拿政治来说，当新的政治领导阶层赢得国会的多数，它通常会遭遇几乎铁板一块的高阶公务员群体，后者往往提供一些极其保守的政策意见。为确保新当选的政治多数能够充分了解他们现实的机会，我们需要一个特别的组织结构。有一种意见是创设一种有助于创新的机制，将高阶文官分作不同的团队，来提供竞争性的计划实施方案——通过替代性团队的刺激来激励职业官僚的思路创新。相关管理机构必须基于同样的精神，高阶文官应当与持续变化的社会现实保持接触。立法应当要求，在发布有重大影响的行政规范之前必须进行广泛的公共听证。在复议中，相关管理机构必须向法院或其他中立的裁判机构证明其所定规则的妥适性。

我仔细地四处寻找类似的方案（Ackerman 2000）。目前这个阶段，更重要的是问我们针对总统制所提出的同样的问题。是否有哪个国家的法律文化准备认真地解决议会制下独有的病理性问题？

通常答案也是否定的。例如，欧洲的议会制国家大都非常不情愿设立美国行政程序法所创设的公共听证以及复议程序；尽管与美国总统制相较，议会制下的官僚体系对市民社会的回应更加至关重要（Rose-Ackerman 1995）。

比较行政法可以为建设性的批判提供智识武器。正如比较行政法暴露了美国在总统制下对明显的法治缺陷的无视；它也证明，欧洲并没有意识到议会制政体下官僚体系的缺乏回应性这一典型问题。

总而言之：别了，孟德斯鸠；二十一世纪来了，还带来了关于行政法比较研究新议程的许诺。

参考书目

Ackerman, Bruce. 2000. "The New Separation of Powers", *Harvard Law Review*, 113: 633 – 729.

Ackerman, John M. 2010. "The 2006 Elections: Democratization and Social Protest", in Andrew Selee and Jaqueline Peschard, eds. , *Democratic Politics in Mexico*, Stanford CA: Stanford University Press-Woodrow Wilson Center for International Scholars, CN.

Damaška, Mirjan R. 1986. *The Faces of Justice and State Authority*, New Haven, CN: Yale University Press.

Eskridge, Willam N. Jr. and Lauen Baer. 2008. "The Continuum of Deference: Supreme Court Treatment of Agency Statutory Interpretations from *Chevron* to *Hamdan*", *Georgetown Law Review*, 96: 1083 – 1226.

Kleineman, Jan, ed. 2001. *Central Bank Independence: The Economic Foundations, the Constitutional Implications and Democratic Accountability*, The Hague; and Boston: Kluwer Law International.

Lewis, David E. 2008. *The Politics of Presidential Appointments: Political Control and Bureaucratic Performance*, Princeton, NJ: Princeton University Press.

Locke, John. 1987. *Two Treatises of Government*, Richard Ashcraft, ed. , London, and Boston: Allen & Unwin.

Montesquieu, Charles de Secondat. 1989. *The Spirit of the Laws*, Anne M. Cohler, Basia Carolyn Miller and Harold Samuel Stone, trans. , New York: Cambridge University Press.

Rose-Ackerman, Susan. 1995. *Controlling Environmental Policy: The Limits of Public Law in Germany and the United States*, New Haven, CN: Yale University Press.

Turpin, Dominique. 1986. *Contentieux Constitutionnel*, Paris: Press Universitaires de France.

Vile, M. J. C. 1967. *Constitutionalism and the Separation of Powers*, Oxford: Clarendon Press.

译后记

2008 年，我到清华任教，给学生上的第一门课是比较宪法。课上，我把在美国游学时选修的图什内特（Mark Tushnet）的"比较宪法"与贺修（Ran Hirschl）的"比较宪法与政治"两门课上学来的东西现炒现卖。我也会特别地跟学生强调：与民国时代的比较宪法课程及著作（经典如王世杰、钱端升的《比较宪法》）不同，当代比较宪法最重要的内容就是比较司法审查，而非比较政府与政治。在二战以前，所谓比较宪法学其实是关于比较政府与宪法制度的研究；而由于宪法审判实践（案例）只是美国的特例、"无法（案例）比较"，故而并非比较宪法研究的对象；随着 1950 年代德国宪法法院的设立与成功运作，现如今，宪法裁判成为比较宪法学研究的真正首要内容。[1]在宪法审查全球化的今天，不以司法机关或准司法机关（如最

---

[1] See Mark Tushnet, *Comparative Constitutional Law*, in Mathias Reimann & Reinhard Zimmermann eds., *The Oxford Handbook of Comparative Law*, Oxford, 2006, p. 1227.

高法院、宪法法院、宪法委员会）裁判为中心的比较宪法研究几乎是不可想象的；而法院日常宪法审查的工作，又是以基本权利保障，而非国家权力机关争议这类的"政治问题"为核心的。不少人有如下感觉：近年来中国大陆宪法学界也是对基本权利的研究热，对国家机构的研究冷；或许这也与上述"国际趋势"有关。

但实际上，宪法层面国家机构的问题并没有放之四海而皆准的、永恒的答案，仍需要进行持续的检讨与修正。就美国而言，传统的三权分立与分权制衡教条不仅不能包打天下，甚至在美国也可能造成严重的政治难题，还可能危及法治本身。而且归根结底，人民基本权利与人民意志的实现，不仅要靠权利法案的保障，更要通过合理配置的国家机构来达成；这对于保证弱势群体的政治参与权利尤其重要，对落实 20 世纪以来新兴的社会福利权利来说亦是如此。

本书乃是根据作者的建议，将其两篇相关论文"新分权"与"别了，孟德斯鸠"合集而成。作者阿克曼教授的独到之处在于，他是一个兼具国际视野与跨学科背景的宪法学者，他的研究与教学领域兼顾了宪法学与政治学。而一般美国法学院的教授，往往是在课下热衷于谈论政治，一上课就把法学说成是独立于政治的"人为理性"；他们对政治学的研究方法与研究成果不屑一顾，也不大关注比较法与外国法。记得有一位北美教授和我聊起阿克曼时说，你可能不赞同他的观点，但你不能否认他的研究非常有启发。本书篇幅虽然不大，但的确令人耳目一新：阿克曼直截了当地说"别了，孟德斯鸠"（Good-bye, Montesquieu），他打破了美国行之已久的三权分立教条，尝试建构一种

"新分权"的模式，这对读者来说恐怕也有一定的震撼效果。

作者特别强调，自由民主的宪政价值并非是一元的，它至少可以包括以下三个方面：民主正当性、职能专业化与基本权利保障。他从上述三种价值出发，结合理论与实践来检验实行三权分立的美国宪法模式的优劣。作者明确地反对总统制，因为其不管是在"僵局"模式下，还是在"全权"模式下，其运作都存在一定问题（如果说不是危机的话）。总统制还伴随有个人崇拜的问题，而这与共和自治的核心精神是背道而驰的。就职能专业化来说，总统制造成文官机构的高度政治化，是对法治的严重挑战。不过，作者也并不迷恋美式总统制的反面，也即威斯敏斯特式的议会制："议会制下的官僚体系运行机制则可能导致另一种类型的权力滥用"，"职业官僚甚至可以利用对专业的垄断，将其有名无实的政务首长玩弄于股掌之间。一个强大的公务员体系也可能对公共意见的大潮视而不见，即使当其行为变得独裁、愚蠢或糟糕时也不以为意"。作者以当代德国、加拿大、南非、印度等国家的经验为基础，提出了"有限议会制"及"一个半议院"的解决方案。作者修正议会制的方案，是用分阶段的公民投票来"找回人民"，用宪法审查来制衡立法权。在两院制下，国会两院的政治对立可能引发议会制的合法性危机，而联邦国家的参议院甚至可能会侵蚀联邦制本身；由此，作者反对美国式的权力对称的两院制，并提出建立"一个联邦的地方性权力更弱或全国性权力更强的参议院"。

分权所涉及的不仅是行政与立法的关系也即政体问题，还有法院与独立行政机关的宪法地位问题。除了三权分立之下传统的立法、行政、司法分支外，在政府组织当中还可能包括其他分支，如廉政的分支（独立的监察机构）、规制的分支、民主的分支（选举委员会）、分配正义的分支；他们"并非传统的三权中的任何一权，我们不能仅仅因为这一事实而否定其在现代权力分立中的地位"。总之，在作者看来，"权力分立是一个好主意，但是没有理由认为这些经典的作者已经将分权制设计得尽善尽美"。

除比较宪法外，译者本人的主要研究方向其实是近代中国宪法史。我在翻译的过程中发现，阿克曼新分权的理论在近代中国宪法中也可发现不少印证，不禁会心一笑。近代中国制定了多部法律文件，我们将其条文与德国、瑞士等国的法典逐条对校，便会发现"倒有百分之九十五是有来历的，不是照账誊录，便是改头换面"，这是否意味着民国的立法工作毫无价值呢？对此，法学家吴经熊解释说："世界法制，浩如烟海；即就其荦荦大者，已有大陆和英美两派，大陆法系复分法、意、德、瑞四个支派。我们于许多派别当中，当然要费一番选择工夫，方始达到具体结果。选择得当就是创作，一切创作也无非是选择。"〔2〕从清末以来，受启蒙思想家的影响，中国逐渐引入了源自英国的议会主权理念，并将其作为民主政治的核心原则。议会主权原则至少可包括以下三方面：其一，行政机关的组成必须取得议会多数的支持，并对议会负责；其二，议会拥有不受限制的立法权，可就任何事情立法，可随时修改、推翻既有的法律，在成文宪法国家议会立法权同时扩展到制宪权；其三，由于议会是最高立法者、制宪

---

〔2〕 吴经熊：《法律哲学研究》，清华大学出版社2005年版，第172－173页。

者，其他机关自然无权审查议会的立法，立法解释权（包括宪法审查权）当然属于议会。在二战后德、法两国相继作出宪制"创新"之前，议会制以外的政体选择、超越国会的制宪会议与独立于立法机关之外的宪法审查，以上种种有违议会主权原则的宪制安排，成功的例子似乎只有美国一家，而美国的经验又过于独特、很难效法。[3]其实，在德国基本法与法兰西第五共和国宪法之前，近代中国制宪者已结合中国本土的政治实践，融汇欧美经验，调和不同的范式，在多个宪制领域对威斯敏斯特模式的议会制（也包括美式三权分立的总统制）作出重大修正，这在一定意义上也可说是阿克曼所谓"有限议会制"，具体如下：

1. 政体的妥协

民国草创，当时欧美共和国体下的政体大致有三种：美式总统制、法式议会制（内阁制）与瑞士委员会制。瑞士委员会制过于独特，除章太炎曾予以鼓吹外，一般不受政治人物的青睐；总统制与议会制是当时中国可以选择的两种主要政体。总统制采行政上的独任制，政治权力和政治责任集中于总统一身，这造成总统"精神的孤独"与独裁的可能，于是有不少学者从民主制衡的原理认为议会制优于总统制："机动的节制与机械的制裁，恐怕是内阁制与总统制重要的区别。内阁制的内阁因得到议会之信任而享受各方面的决策权，权力虽重，但权力的运用不致发生流弊。总统制总统，得全国选民的托

---

〔3〕 由于以总统制为代表的美国宪制范式移植到拉美等地后发生"南橘北枳"的问题，不少学者认为美国经验过于独特，很难适用于别处。阿克曼便持这种观点。

付而主持行政，其错误的行政必须于四年后的大选方可予以纠正。至于国会，也只能以控诉的拙笨方法迫其去职。因之，总统虽常有缚手缚脚之苦，而他的大权还是容易发生危险的。"〔4〕但是，在议会主权的议会制之下，仍会发生代理人成本与国会专制的风险："政府所有的权力……都落到议会。把这些权力都集中到同一批人手中，就是专制政府的精确定义。这些权力由多数人行使，而非由一人行使，并不减少专制的程度，一百七十三个暴君，肯定也像一个暴君那样欺压成性。"〔5〕而《联邦论》（《联邦党人文集》）关于"国会专制"的理论，也适用于民初中国国会的现实教训："华人习于独夫专制，不解宪政平衡原理，以为民主必在国会，不悟国会专制与独夫专制皆不合立宪精神"；导致"议会多数凌驾成法之上"，演变成"超级国会制"。〔6〕

有政治学者从经验（统计学）的角度得出结论，比较世界各国民主政制的"试验"，采行议会制的比实行总统制的民主政府成功率更高（寿命更长），而总统制更容易导致"民主崩溃"，阿克曼本人似乎也认同这种说法；但也有政治学者质疑上述结论，认为抽取统计样本的年代不同会导致截然相反的结果。20 世纪"发生了两波民主崩溃，首次乃爆发于两次大战期间，另一次则出现在 1960 年代。第一波的民主崩溃大多发生在议会制政体（与非真正的总统制政体），第二波崩溃则大多是总统制政体"，至于 1990 年代以来的政体比赛结果

---

〔4〕 邹文海：《代议政治》，（台湾）帕米尔书店 1988 年版，第 155 页。

〔5〕 ［美］亚历山大·汉密尔顿等：《联邦论》，尹宣译，译林出版社 2010 年版，第 338 页。

〔6〕 刘仲敬：《民国纪事本末》，广西师范大学出版社 2013 年版，第 50 页。

还有待观察。[7]

民国成立数年后，1919 年德国魏玛宪法颁布，由此产生了一种混合政体。之所以会创造性地采行议会制与总统制的混合政体，源于魏玛制宪者一方面警惕独裁制的复辟，另一方面又不愿议会专制，使行政权完全受制于国会。但是，与 1958 年法兰西第五共和国宪制不同，魏玛宪法并非典型的半总统制。魏玛共和国总统所获得的权力并不完全来自于宪法的授权，而是源于德国小党林立的政党政治现实与战败国的特殊环境。国会无法产生占据多数席位的大党或稳定的政党联盟，总统就组阁问题方能上下其手；战败后，面临制裁的德国常常遭遇政治、经济、社会危机，本来作为特例的总统紧急命令权由此渐趋常态化。可待到希德勒的纳粹党取得国会议席的相对优势进而攫取总理职位后，总统兴登堡也就无所作为了。[8] 半总统制在当今世界已普遍存在，但二战之前则并不多见甚至并不典型，其他采用半总统制的国家，如法国、俄罗斯、葡萄牙、芬兰、韩国，大都是在 1950 年代甚至 1980 年代后确立该体制的。有趣的是，近代中国宪法似乎自始就倾向于调和总统制与议会制，到 1946 年中华民国宪法则确立了比较典型的半总统制。尽管有魏玛宪法这个"先例"，但作为民国北京政府时期制宪基础的"天坛宪草"，在 1913 年已基本定型，不可能受

---

〔7〕 参见［美］Matthew S. Shugart, John M. Carey：《总统与国会：宪政设计与选举动力》，曾建元等译，（台湾）韦伯文化国际出版有限公司 2002 年版，第 46 - 47 页。

〔8〕 1933 年 1 月 30 日，兴登堡总统任命希特勒领导的内阁并非总统内阁，而是依靠国会多数支持的内阁，其任命"按照完全合乎宪法的方式"。参见［美］威廉·夏伊勒：《第三帝国的兴亡》上册，董乐山等译，世界知识出版社 1979 年版，第 268 - 230 页。

到 1919 年魏玛宪法的影响；而二战结束后制定 1946 年宪法时，由于魏玛共和倾覆的教训，对制宪者而言魏玛宪法绝非好榜样。[9] 举例来说，早于魏玛宪法 6 年，天坛宪草即规定了总统紧急命令权；据制宪者解释，该制度源自当时还是二元君主立宪制的奥地利、普鲁士和日本。[10] 这意味着，对制宪者而言，不仅共和国体下的议会制、总统制宪法的具体规定可以择善而从，君主国体下的某些宪法内容亦可仿效。在这里，笔者并不打算鼓吹近代中国先于魏玛共和国、远超法兰西第五共和国，为混合政体之开创者；笔者只是想陈述一个事实，如同魏玛共和国与法兰西第五共和国一样，近代中国独立"开发"出半总统制（半议会制）的混合政体，这也是一种创作。

2. 通过国民大会来"找回人民"

民国初年，奉行"议会主权"的国会垄断了制宪权。可代议政治乃是舶来品，不但皇帝、总统、大小军阀官僚没有"议会主权"的观念；议员们也缺乏必要的民主法治观念，他们陶醉于想象中的"国会无所不能"，完全无视其法律上的权力界限。于是形成如下怪象：一方面国会缺乏足够的权威与实力，另一方面议员们却越权滥权、毁法造法。如果说旧军阀、旧官僚是民初国会失败的外因，那么议员们自身素质欠佳则是内因。国会议场之内欠缺基本的妥协与对话精神，议员对政府缺乏理解与尊重，议员彼此也不肯尊重对方"说话的权利"，

---

〔9〕 当然，关于魏玛宪法与魏玛共和覆灭是否存在直接因果关系，学界有不同的看法，部分学者认为魏玛共和时代的政治危机足以摧毁任何政体。

〔10〕 参见吴宗慈：《中华民国宪法史》，于明等点校，法律出版社 2013 年版，第 221 – 222 页。

意见稍有不合即报之以语言暴力、肢体暴力，议院不时上演"全武行"。雪上加霜的是，民初国会乃是由无原则且不稳定的派系组成，而非现代意义上的政党。在派系主义之下，"人人欲显身手，只问目的，不择手段"。[11]派系合作的基础过于脆弱，且各派系本身极不稳定，国会勉强达成的共识难免以破裂告终，随之而来的便是政局的反复动荡与制宪事业的蹉跎。[12]经历国会的两次解散与曹锟贿选，北洋国会终于将"法统"与"民意"消费殆尽，还玷污、连累了文本意义上的好宪法——1923年《中华民国宪法》，而国会对制宪的垄断权也由此被打破。

有鉴于民初代议政治的失败，孙中山提出权能分治的理论，设想由国民大会代表人民行使政权（主权），以监督政府行使治权。他否定了"代议政体"为民主政治的最后归宿，转而提倡"全民政治"："欧美人民从前以为争到了'代议政体'，便算是心满意足。我们中国革命以后，是不是达到了'代议政体'呢？所得民权的利益究竟是怎么样呢？大家都知道现在的代议士，都变成了'猪仔议员'，……各国实行这种'代议政体'，都免不了流弊。不过传到中国，流弊更是不堪问罢了。"中国不能步欧美代议的后尘，应该"驾乎欧美之上"，

---

〔11〕 张朋园：《中国民主政治的困境1909－1949：晚清以来历届国会选举述论》，吉林出版集团有限责任公司2008年版，第128－129页。

〔12〕 See Andrew J. Nathan, *Peking Politics 1918 - 1923: Factionalism and the Failure of Constitutionalism*, Berkely, Los Angeles, London: University of California press, 1976, pp. 222 - 224.

"用我们的民权主义把中国改造成一个'全民政治'的真民国。"〔13〕中国国土广阔，人口众多，人民如何行使直接民权？孙中山的规划是由每县选举一人，组成国民大会以行使全国（中央）政权（主权）；宪法则由立法院议定草案，交国民大会通过。〔14〕孙中山由于早年侨居美国的经历，对美国宪制是比较熟悉的，其五权宪法构想其实是将美式的立法、行政、司法三权加上传统中国的考试、监察两权。我们可以想见，美国在国会之外设立的总统选举人团制度以及通过宪法会议制宪的实践，也会对孙中山产生一定影响。从历史上看，基于其英属殖民地的经历，美国制宪者自始就对议会制（议会主权）深怀戒心："部分（国会）代替了整体（美国人民）"，"人民的代表往往幻想他们是人民自己"，并且自大到无法容忍任何异议的地步。〔15〕与中国省宪运动的经历类似，在联邦宪法颁布之前，美国有不少州（如马萨诸塞、新罕布什尔）在制定州宪时就已否定了立法机关的制宪权："当美国人在州层面上对宪法进行思考的时候，革命立法机关对高级法的内容是否具有权威性成为一个高度具有争议的话题。基于他们所继承的辉格党的遗产，在绝大多数的州，主流的观点是，坚持认为这些立法机关作为常规政府的组成机构，显然无权定义和划分自身的权

---

〔13〕 参见孙中山：《三民主义》"民权主义"第四讲，（台北）三民书局1988年版，第133—134页。

〔14〕 参见《国民政府建国大纲》第22、23、24条，载"五权宪法学会"编：《五权宪法文献辑要》，（台北）帕米尔书店1963年版，第39页。

〔15〕 参见［美］布鲁斯·阿克曼：《我们人民：奠基》，汪庆华译，中国政法大学出版社2013年版，第197页。

力，[16]只有人民组成的特别的立宪会议才有权制定高级法。"对联邦党人来说，政府的每一个分支机构（立法、行政、司法）都"只是政府的组成部分，但不是人民的有机表达"；"联邦党人将'主权'的焦点从政府转移给人民身上"，只有人民通过"革命性的动员"，通过非常规的会议，才有权制定宪法。[17]"非常规会议"（convention）对于代议政体的英国意味着"合法性上有缺陷的议会"，例如领导了 1688 年光荣革命的那届议会；可"在美国人看来，这种在法律上不完美的集会代表了英国历史的最高峰"。美国制宪会议作为"非常规会议"，其"所具有的这种在法律上反常的特点不是法律地位缺陷的标志，而是革命可能性的标志……人民可以在一些特别的场合下思考宪法问题，而'非常会议'这一场合就否认了法律形式可以最终代替公民的参与"。[18]

孙中山与联邦党人思想的共通之处就在于，代议机关或其他政府分支不能自命为人民的总代表；像制宪这样关系国家根本的大事，人民需要超越这些代理人，发出自己的声音。由此，"准直接民主"（quasi-direct-democracy）的实践修正了代议民主的传统理念，走向一种"审议式的公决"（deliberative plebiscite）。[19]而孙中山"全民政治"的构想，与阿克曼通过分阶段公民投票"找回人民"的方案其实有异曲

---

[16] 立法机关"无权定义和划分自身的权力"，我们由此可以回忆民初国会拟定天坛宪草，企图增加国会权力、剥夺总统权力的历史。

[17] ［美］布鲁斯·阿克曼：《我们人民：奠基》，汪庆华译，中国政法大学出版社 2013 年版，第 236－239 页。

[18] ［美］布鲁斯·阿克曼：《我们人民：奠基》，汪庆华译，中国政法大学出版社 2013 年版，第 188－189 页。

[19] 参见［美］布鲁斯·阿克曼：《我们人民：转型》，田雷译，中国政法大学出版社 2014 年版，第 96－97 页。

同工之处。在议会主权理念的影响下，尽管有美国制宪会议与瑞士直接民主的特例，但由独立于议会之外的非常规会议（国民大会）行使制宪权与法案的创制复决权，这在当时仍不失为一种创造，也避免了议会专制的风险与制宪自肥的尴尬。

3. 独立宪法法院的设置

在传统议会制政体下，基于议会主权的观念，很难想象由独立的司法机关（准司法机关）对于议会立法的审查。[20] 有当代学者以"后见之明"总结民初《临时约法》的"致命之伤"，认为不在政体问题，而在"司法不重，不足以应对宪法危机"，议会多数凌驾于成法（《临时约法》等宪法性文件）之上并毁法造法，方造成民初法统的破坏。[21] 或许与握有实权、并非虚位的君主（总统）对议会制政体的修正有关，在德语国家逐渐发展出了一种与美国不同的宪法审查制度，典型如 1920 年奥地利宪法设立的国事法院（宪法法院）；大力鼓吹这一新范式的是汉斯·凯尔森，所以后来这种宪法审查方式也被称为凯尔森模式（Kelseinan constitutional review）。与美国分散、具体的宪法审查制度不同，凯尔森式的宪法审查将审查权仅仅授予在中央设立的专门法院，其发动宪法审查的原因并非来自公民对具体案件的争讼，而是基于相对抽象的机关权限争议，主要是用来解决中央机关之间以及中央与地方之间关于分权问题的争议，并不涉及公民的权利保障与诉讼，故而这种违宪审查方式也被称为抽象的、集中的违宪审查。之

---

[20] 作为内阁制的典型代表，英国直到最近才在宪法审查的问题上略有松动。

[21] 参见刘仲敬：《民国纪事本末》，广西师范大学出版社 2013 年版，第 50 页。

所以采用与美国不同的违宪审查方式，一方面是因为大陆法系法官与美国法官在专业素养与分工上有所不同；另一方面，更重要的是为了与议会制下议会主权的理念相妥协。[22]在德国，设立帝国法院审理宪法诉讼的尝试甚至可以追溯到夭折的 1849 年保罗教堂宪法；1919 年魏玛宪法也设立了国事法院，以受理邦国内部的机构争议以及帝国和邦国之间的联邦争议；但是，"魏玛宪法中并没有针对帝国法律进行合宪性审查、帝国宪法机构之间的争议以及宪法诉愿作出规定"，这一切要到德国 1950 年代设立宪法法院后方得以实现。[23]在魏玛时代，施密特与凯尔森的那场关于"谁才是宪法守护者"的著名论辩中，与凯尔森提出由专门法院审查宪法、守护宪法的模式相对，施密特论证司法者不足以作为宪法的守护者，总统才是宪法的守护者，而施密特的学说在德国显然更有市场。[24]尽管德国和奥地利在一战后均设立了国事法院，但它们的运作并不十分成功，在权威与声誉上均无法与美国联邦最高法院比肩。尽管如此，德语世界的新典范还是被留学（游学）德国的张君劢、吴经熊等人很快移植到中国。

张君劢于 1922 年起草的"国是会议宪法草案"，不仅引入了德奥刚刚设立的国事法院体制，还将国事法院的审判权由机关争议扩展到人民基本权利保障，其权限与二战后德国基本法设立的宪法法院类

---

[22]　See Vicki C. Jackson & Mark Tushnet, *Comparative Constitutional Law*, 2nd ed., Foundation, 2006, pp. 465 – 466.

[23]　参见［德］克劳斯·施希凡等：《德国联邦宪法法院：地位、程序与裁判》，刘飞译，法律出版社 2007 年版，第 3 – 4 页。

[24]　参见［德］卡尔·施密特：《宪法的守护者》，李君韬等译，商务印书馆 2008 年版。

似。在五五宪草拟定时期，1933 年立法院宪法起草委员会副委员长吴
经熊以个人名义发表之宪法草案试拟稿，亦引入了德奥式的国事法
院。当时仍有人坚持唯有主权者方可解释宪法，例如另一位宪法起草
委员会副委员长张知本的个人宪草试拟稿便坚持"宪法之解释，由国
民大会行之"（第 170 条）。[25] 而支持设立国事法院的人则反驳说国民
大会或最高法院释宪均不合中国实际："此次宪法初稿规定解释宪法
之权限"，"不采取美国的普通法院解释制，和法、比、意、瑞诸国之
议员解释制，而独采用德、奥、捷克诸国所采用之特别法院解释制，
这个理由，我们是认为极有见地的。因为普通法院解释制，根据现在
中国萎顿凋敝和不能独立的司法现状，和见到法律案件牵涉到政治
的，便竭力设法推诿的目下中国司法机关，确是不甚适宜。至于议院
解释制，则中国此后人民代表机关是国民大会……将来参与中国政治之
国民大会，有会员二千余人之多，以如此人多之机关，负此重大之责
任，对于行使职权，于创制复决法律、选举罢免中央官员，似乎已感觉
到难获有良好效率的表现，更何况是解释一国的根本大法呢。"[26]

国事法院作为一战后欧陆的最新典范，有张君劢、吴经熊等人的
鼓吹，看起来也比普通法院释宪或者人民代表机关释宪更符合中国司
法体制现状。但是，1936 年《中华民国宪法草案》（五五宪草）并未

---

〔25〕 法条参见夏新华等：《近代中国宪政历程：史料荟萃》，中国政法大学出版社
2004 年版，第 897 页。

〔26〕 陈宗烈："宪法与国事法院"，载俞仲久编、吴经熊校：《宪法文选》，上海法学
编译社 1936 年版，第 721 - 722 页。有趣的是，到新中国制定八二宪法时，时任上海市政协
常委的陈宗烈又再次建议设立"国事法院"。参见"绕不过去的宪法监督"，载《中国新闻
周刊》2012 年第 9 期。

设置国事法院，而是简单地规定由最高司法机关（司法院）释宪，这与美国模式比较接近。1930－1940 年代制宪者将司法院美国最高法院化，其政治背景或许与二战有关："在过去我国早期的许多草案中，并未出现过'大法官'这样的名称。由于战时我国的盟友均为英美法系国家，而敌人则均为大陆法系之德、日，因此在战后，有一股势力认为我国战前是采大陆法系之制度，而战争结束后是否应考虑改采英美法系之制度。对此热烈讨论与法制变革之倾向，使得属于英美法系制度的'大法官'用语，首次被提出。"[27] 德国与中华民国有一段时间的蜜月期，魏玛宪法也被中国人认为是先进的制度；但德国因与日本结盟、与中国成为敌对国，魏玛宪法与魏玛共和国也走向覆灭，对中国制宪者而言，德语国家的国事法院模式是否也从此不再具有吸引力呢？事实上，革命性的政协十二原则与政协宪草相较，1946 年通过的宪法关于司法院的定位非常模糊，很难说直接采用了美国联邦最高法院的模式。当制宪者将美式的宪法审查制度（大法官制度）嫁接到欧陆模式的司法体系之上时，大法官会议作为独立的宪法解释机关，反而早于联邦德国宪法法院与法国宪法委员会，于 1948 年呱呱坠地，成为二战后最早设立的"欧陆模式"宪法法院之一。

4. 独立政府分支与"一个半议院"的解决方案

我们仔细考察五权宪法，在传统立法、行政、司法三权之外设置的考试权与监察权与阿克曼的理论亦若合符节：由独立于行政院之外的考

---

〔27〕 翁岳生：《法治国家之行政与司法》，（台北）元照出版公司 1994 年版，第 414 页。

试院主管公务员考试与人事行政，这有利于保障文官机构相对独立地行使职权，让职业官僚免于过分政治化；而监察院正是阿克曼所谓"廉政的分支"。1946 年中华民国宪法将监察院"参议院化"，与立法院分享国会的权力：立法权与内阁（行政院）人事同意权归于普选产生的立法院，弹劾权、独立机关（司法院、考试院）的人事同意权归于由各省代表组成的监察院，这也是一种"一个半议院"的解决方案。相较而言，后世"学院派"的海外华人教授拘泥于美式总统制或欧陆议会制的范式，"亦步亦趋"地指摘近代中国宪制与欧美"老师"的不合之处，目之为"龙的宪法"，称"三权已足，五权不够"，未免稍欠格局。

当然，尽管在制宪事业上有一些"创作"，近代中国在以上各领域都既非新典范的开创者，也非其发扬光大者，甚至没有机会将纸面的制度真正落实为宪法实践。但是，毕竟近代中国制宪者在师法欧美的同时坚持了"独立的精神"与"理性的选择"，也取得了"不俗"的成绩。1946 年中华宪法确立的混合政体，国民党的制宪代表孙科称其为"修正的总统制"，代表第三方力量的张君劢称其为"修正的内阁制"；双方在立场上或有差异，但他们都认为中国人可以在选择西方宪制的过程中，基于中国现实有所修正、有所创造。在他们的讲话中也洋溢着这种自信："我们采取美国总统制下行政部稳固的长处，而不忘掉民主国中应有之责任政府之精神，我们了解欧美民主制度，已有数十年之久，但我们此次不甘心于小孩式的亦步亦趋，而愿意拿出多少创造的精神来。"[28]

---

〔28〕 张君劢：《中华民国民主宪法十讲》，商务印书馆 1947 年版，第 71－72 页。

有人说，柏拉图、亚里士多德、马基雅维利、霍布斯、洛克、托克维尔作为政治哲学家之所以伟大，或者说区别于当代象牙塔中教授的地方，在于"政治哲学的实践维度"，"伟大的政治哲人总是投身于他们时代的政治，并为我们思考自己时代的政治提供了榜样"。[29] 对于那些参与近代中国政治实践与制宪事业的政治人物兼思想家，如孙中山、张君劢、吴经熊，我们可以质疑他们宪法理论的周延性与独创性；却无法否定"制宪先贤"基于其理解的时代需要，超越欧美老师，而作出的宪制选择与创作。正如阿克曼所说，"我们礼赞孟德斯鸠与麦迪逊的最佳方式，就是探寻新的宪政模式"，"哪怕这会以改变我们熟悉的三位一体配置为代价"。

我从 1996 年进入大学学习法律，至今已有二十年。作为一个比较法的学习研究者，我大大受益于大陆法学翻译出版事业的繁荣，也蒙不少师友惠赐译作。可我总是对翻译望而却步，在心理上十分害怕"译事难为"。此番机缘巧合，承雅理译丛主编田雷兄与丛书策划海光兄大力帮助，尝试翻译阿克曼教授的佳作；因学力有限，翻译难免有误，敬请读者诸君海涵并不吝指正。

聂鑫

2016 年夏于清华明理楼

---

[29] ［美］斯蒂芬·B. 斯密什：《政治哲学》，贺晴川译，北京联合出版公司 2015 年版，第 8 页。